映画

美しき誘惑

～現代の『画皮』～　原作集

川端康成、蒲松齢（ほしょうれい）の霊言

Ryuho Okawa

大川隆法

まえがき

今年五月上映の映画『美しき誘惑』の原作霊言等の一部を本にしてみた。

もしかしたら映画そのものよりも、映画の原案や原作が霊界から降(お)ろされていることと自体が、ある種の衝撃(しょうげき)かもしれない。

霊界との交流を日常生活としている著者にとっては、当たり前のことが、人間の知的活動はすべて脳がやっていると考えている人たち、この世が物質とコンピュータ機能だけで動いていると考える現代人にとっては、すべてがフィクションにも見えるかもしれない。

映画そのものはフィクションでも、その中にリアリティがあることが見抜けない人々は、アフター・ライフを十分に怖れるがよい。「美しい心」の真実が分かりえなかった人々にとっては、今世の命も、地上に姿を現して七日間しか生きられない蟬のようなものだろう。

二〇二一年　四月十六日

幸福の科学グループ創始者兼総裁　大川隆法

映画「美しき誘惑―現代の『画皮』―」原作集　目次

第1章　川端康成による原作霊言

——映画「美しき誘惑——現代の『画皮』——」原作ストーリー——

二〇一九年八月十日　収録
幸福の科学　特別説法堂にて

第2章　蒲松齢による参考霊言
——「画皮」とはどのような存在か——

二〇一九年七月九日　収録
幸福の科学 特別説法堂にて

第3章　楽曲歌詞・挿入歌「故郷」解説

二〇二〇年六月二十日

幸福の科学　特別説法堂にて

「霊言現象」とは、あの世の霊存在の言葉を語り下ろす現象のことをいう。これは高度な悟りを開いた者に特有のものであり、「霊媒現象」（トランス状態になって意識を失い、霊が一方的にしゃべる現象）とは異なる。

なお、「霊言」は、あくまでも霊人の意見であり、幸福の科学グループとしての見解と矛盾する内容を含む場合がある点、付記しておきたい。

第1章　川端康成による原作霊言

——映画「美しき誘惑——現代の『画皮』——」原作ストーリー——

二〇一九年八月十日　収録

幸福の科学　特別説法堂にて

川端康成（一八九九～一九七二）

小説家。大阪府生まれ。東京帝国大学（現・東京大学）文学部国文学科卒。卒業後、横光利一らと「文藝時代」を創刊。一高時代の伊豆旅行の体験をもとにした『伊豆の踊子』などを発表し、新感覚派の代表作家として活躍した。日本的美意識を追究し続け、一九六八年、日本人初のノーベル文学賞を受賞。代表作に『雪国』『山の音』『眠れる美女』『古都』などがある。

［質問者はAと表記］

〈霊言収録の背景〉

二〇二一年五月公開予定の映画「美しき誘惑―現代の『画皮』―」を構想するに当たり、小説家の川端康成を招霊し、映画の原作として、シナリオや脚本のもととなるストーリーを語り下ろした。

1　映画「美しき誘惑（ゆうわく）」のストーリーを語り下ろす

二つの顔を持つ山本舞子（やまもとまいこ）

（編集注。背景に幸福の科学の根本経典（こんぽんきょうてん）である『仏説（ぶっせつ）・正心法語（しょうしんほうご）』のＣＤがかかっている）

川端康成　川端康成です。
新しく映画の原作として語り下ろすストーリーの題は、「美しき誘惑（ゆうわく）」という題にしたいと思います。そのテーマに沿って、私が簡単にストーリーの骨子（こっし）を述べたいと思います。

（約二十秒間の沈黙）

山本舞子は、一見、どこにでもいるＯＬのように見える。その朝の通勤姿を見たら、誰も彼女が特殊な人だとは思うことはないだろう。大手町の、とある銀行の本店に勤務している彼女のことは、誰が見ても、「東京のよい家の娘が、結婚目的でお勤めをしている」ぐらいにしか見えなかっただろう。

山本舞子は、エレベーターで上がっていくと、いつも二十階に降りる。そこは、役員たちがいろんな個室を持っている役員フロアだ。彼女は、そう、この大手銀行の役員秘書をやっている。だから、その物腰はとても優雅で、清楚で、誰が見てもケチをつけるところのない振る舞いをしている。

もちろん、その物腰を見ただけで、彼女が、お茶もお華もとっくに免状を持っている有段者であることぐらいは、誰もが分かる。歩き方さえ、普通の人とは若干違っている。まっすぐと、廊下の中央を大きく手を振りながら、ゆっくりゆっくりと歩いてゆく姿は、まるで、江戸時代の大奥の女性が、長い着物を引きずりながら歩いているかのようでもある。しかし、とてもモダンな女性であることは間違いない。

ということで、月曜日から金曜日まで、平日の彼女の姿は、みんなも憧れる銀行レディである。そう、「いつでもお見合いをすれば嫁にでも行けそうな、そんな感じ」と言ったらいいだろう。

ただ、舞子には、もう一つの顔があった。この顔は、銀行に勤めている誰も、まだ知らない。それをかすかに気づいている人がいるとすれば、この山本舞子は、いつまでたっても年を取らない不思議な女性だという感覚が、そう感じさせるはずだ。

彼女の実年齢はなかなか分からない。現実には、もう三十が近いのではないかと思われるが、働いているその姿は、まだ二十代の前半のように生き生きとして、肌も透き通るように美しい。目も大きいが、そのまなざしは人の心をつかんでやまない。指先の一つひとつの動き方がまた優雅で、これも、幼少時からいいところの家庭に育って、ピアノの練習でも長く受けたかのようである。

そうした彼女が、火曜日と金曜日の二日だけ、いそいそと銀行から早めに帰っていく。

そして、勤めて何年かたっているはずなのに、いまだに社内では浮いた噂一つ立たないのだ。周りは、「きっと彼女は、まだ純情で遅咲きのため、結婚したいという気持ちがないのだろう」と思っている。役員たちもそう思っている者が多い。あるいは、じっくりと大物がかかってくるのを待っている釣り師のように、糸を垂れて粘っているのではないかと見る向きもある。まあ、大手銀行の役員秘書ともなれば、そう簡単に街の青年と付き合うわけにはいかない。そのプライドが許さないから、それ相応の相手が出るのをひたすら待っているという感じがしている。

ところが、火曜日と金曜日だけは違う。彼女は早々と家に帰ると、自宅のなかで、化粧室に籠もって変身を始める。黒髪の彼女は、いつの間にかブロンドの美人に化けている。そして、アイシャドウも強くなり、鼻筋もいっそうキリッと高くなったように見える。口紅の色も変わり、まるで別人のようだ。クローゼットから出してくる服も、まったく普段、彼女の日常生活からは見ることができないような、派手好みの服に変わる。そして、彼女は夕闇のなか、コツコツと銀座方面に向かって歩いていくのだ。

何をしているのだろうかと思えば、「クラブＺ」という小さな看板が、縦長のビルのなかから出ているのが見える。三階だ。そこに彼女が行く所があるらしい。

雰囲気は、やや照明を落として、落ち着いた感じではあるけれども、やはり、酒と女性、そして選び抜かれた男たちが集まってくる場所のようだ。この「クラブZ」で、彼女は、昼間の生活とはまったく違った変身ぶりを見せる。そう、ブロンドの髪をなびかせて、非常に自由で奔放な姿を見せるのだ。

そこへ通ってくるお客というのは、ごく限られた者で、まず入会条件がある。そういう秘密クラブなのだ。

まず、基本的に「年収五千万以上」という条件がかかる。これを証明してみせないと、会員にはなれないのだ。そして、舞子のような、また選び抜かれた女性が、その相手をするということになる。もちろん、上品にお酒を出し、そして、話し相手をするということだが、通常のキャバクラのような下品さはない。あくまでも優雅である。

そのなかで、年収五千万以上の選び抜かれた男だけがやって来る。独身とは限らない。「独身である」ということを条件にすれば、年収条件が下がってくるからだ。「年収五千万以上」ということにもなると、会社の社長であるか、あるいは有名芸能人であるか、でなければ、医者であるとか、売れっ子の作家であるとか、そういう人が多いと言えば多いであろう。

舞子はここで、昼間とはまったく違ったキャラクターで人に接してみせる。その動き方は、まるで超能力者（ちょうのうりょくしゃ）か何かのようで、花から花に飛び歩く蝶々（ちょうちょう）のようである。一瞬（いっしゅん）、相手を見ただけで、相手の素性（すじょう）を鋭（するど）く感じ取る。だいたい、どういう会社のオーナーであるかとか、その人がどんな家庭を営（いとな）んでいるかとか、あるいは、今、商売が上向（うわむ）いているか、あるいは苦しいか。そういうことも一瞬で見破ってしまう。

ここでの舞子は、客の間では「クラブZの人事部長」というふうに、あだ名で呼ばれている。なぜかというと、会社で人をどのように使ったらいいか判断に迷うと、店に来た客はみんな彼女に必ず相談するからだ。それは写真と履歴書だけでもいいけれども、彼女の承認があれば当人を連れてくることもある。

二人ほど中堅の男性を連れてきて、彼女に会わせて話をしてみる。そして、帰らせたあと、彼女に「どっちが部長にするのにふさわしいと思うか」というようなことを訊いてみると、彼女はいろんなポイントを挙げてそれを説明する。

「あの目つきは、いわゆる『三白眼』といわれる目つきで、反乱の相が出ています。きっとこれは、社長に対し反乱を起こす相だと思いますから、やめたほうがいいと思います。もう一人の方は、目は少し垂れ目で、一見、そんなに冴えた顔には見えませんが、忍耐強くて、将来、もっともっと大きくなる可能性があると思います」

こういうふうなかたちで彼女の人生相談が始まって、会社の人事部長を雇っているような気持ちになって、社長たちは気前よくポンッとチップを渡していく。

もちろん、彼女はお金目的で来ているのではないのだ。この「クラブZ」で、実は、彼女の心のなかでは狩猟をしているつもりなのだ。ハンティングだ。いい男を狙っている。それも、ただ会社の社長とかいうぐらいでは、彼女は物足りてはいない。本当は、「日本一と必ず名が付くような男に出会えるのではないか」と思って、その日本一になる男を狙っているのだ。それをハンティングしている。深く静かに潜りながら、ハンティングし続けているのが実際の姿だ。

塩村太郎との出会い

川端康成　あるとき、大物政治家がやって来た。それは、元首相の塩村歩という名前の政治家だ。そして、息子を同伴してきた。息子は秘書をしているのだ。「政治家の家系としては、その息子の代で五代目になる」ともいわれている。明治から連綿と続く政治家の家系なのだ。

塩村歩の息子・塩村太郎は、日本にいたときには、それほど目立って優秀でもなく、エスカレーターで、Ｋ大学に続いている幼稚舎から中等部、高等部、大学と進んでいたが、それからあと、アメリカの東部の有力大学にも留学して、語学の力を磨いたという。

父親である元総理は、この息子を連れて、舞子のもとを訪ねてくるのだ。そして、ときどき、「息子の将来をどう思う？」ということを訊く。

あるいは、いちばん最初のころには、ほかの秘書と一緒に連れてきて、違いが分かるかどうかを彼女に見抜かせようとした。彼女はすぐに一秒で見抜いた。

「こちらが後継者の方ですね」と言って驚かせた。

もちろん、そのとおりだ。鼻筋が通って、眼光が鋭く、そして、額からはまるで念力が出ているような、そんなオーラがある。この塩村太郎は、何か大きなことを考えているに違いない。

父親の元総理が、「うん、こいつにもねえ、ぜひ総理大臣をやらせたいと思っているんだよ」、そう舞子にしゃべっている。「いったい、どうやったらうまくいくかねえ。その相手をもう探しているんだ」。

舞子は、「これは狙える相手だな」ということに気がついて、わざと女の兵法（へいほう）を使う。つれなくするのだ。元総理の息子で、外国にも留学したエリートということであれば、一般的（いっぱん）にはモテモテであるし、結婚の相手などいくらでも見つかる人である。また、政治家秘書ではなく、他の有力人気グループに所属していたとしても、おそらくは数万人の人からキャーキャー言われるぐらい顔立ちもよく、何とも言えない吸引力、人の心をつかむような吸引力があることが分かる。

そこで、この太郎君が、舞子の手帳のなかでは、自分の狙うターゲットとなる相手の一人ということになる。

元総理は、彼女に、「舞子君、君、本当は、このクラブは常勤の仕事じゃないだろう?」と尋ねた。

「ええ、もちろん。普通はまともなお仕事をしています。でも、郷里の両親のほうが少し体調を悪くして、仕事を辞めていて、私も弟を海外留学に送っているのです。だから、送金しなくちゃいけなくて、会社のお給料だけでは十分じゃないのです。弟の留学費用とか、両親に対する仕送りとか、そういうこともしているので、夜にここでバイトをしているんです。バイトをしている間にだんだんに人気が出てきて、火曜日と金曜日は必ずいないと、私を目当てに来る人が増えてきました。そして、いろいろ人生相談に乗っているうちに、『陰の人事部長』と呼ばれるようになって、いろんな会社の顧問業をやっているみたいになってしまいました。

いえいえ、まあ、女性として男性に関心があるかといえば、私はほとんど関心なんかないんです。そうした社会経験というか、いろんな業界の方とお話しして、いろんな情報を仕入れることで、自分自身の人生が豊かになると思っているんです。いずれ会社勤めを辞めるときも来ると思っているので、そういうときに、いろんな人の人生と交わった、その内容を小説にでも書いて、作家になりたいなあと思っているんです。だから、私の目標は、そうですね、五年後の作家デビューというところになりましょうか。

まあ、それまでにいい人が出てきたら、どうしようかなと思うことはあります。今、丸の内のＯＬをやっているだけで、一生は終わりたくないという気持ちもあるし、五年もすれば、自分の弟も留学からは帰ってきて、日本でもちゃんとした仕事に就くでしょう。そうすれば、自分としての義務も卒業かなと思っているんです」

そう言いながら、彼女のしぐさはとても艶めかしくて、父親もゴクンと唾を呑み込むような状態だが、息子も同時にゴクンと唾を呑み込んで、親子両方、友釣りでもされそうな勢いで、父親にも関心がある。

実は、「自分の愛人にはできないかな」というようなことも、元総理は考えていた。「いやいやいや、それは自制心を働かさなきゃいけない。自分の欲を抑えて、いい女性なら、手をつけずに息子に勧めてやらねばならない」というようなことを、今は父親として思っている。

舞子は、もうとっくの昔に、その父親の元総理の心の内なんか見抜いている。もう総理になるまでの間にも、いろんな権力闘争のなかで、アドバイスを彼にしてきたこともあるので、その心の内はよく分かっている。そして、「自分自身が舞子を愛人にできないか、それとも息子の嫁にするか、どっちのほうがより得かな」というようなことを考えていることは分かっている。

息子のほうは、エリート名門校のエスカレーター校を出て、海外で初めて荒波をかぶって、アメリカ人の間やアメリカに留学してきている外国人の間で揉まれて、英語で厳しい修行(しゅぎょう)をしてきたこともあって、いいところの坊(ぼっ)ちゃんのようでもあるが、引き締(し)まった、ある種の強さもあって、念力も持っているような感じの眼光の鋭さがある。もちろん、政治家志望だろうから、今はまだ役付きにはなっていないけれども、いずれ秘書から政治家になって、天下を狙うつもりであることは、誰が見ても明らかだ。

彼にアプローチをかけている女性は、おそらく十人は下らないだろう。それは分かっている。だからこそ、舞子は、彼にそっけない態度を取っている。彼のほうから心を開いて何か相談がないかぎりは、その相談は受けないということになっている。でも、息子のほうも、国会議員になるとなれば、年収ではおそらくこのクラブの条件を満たすので、個人でも来られるようになるだろうというふうに思っている。

この二人が、この物語の主役になってくる。

息子の太郎のほうは、これから政界で旋風を巻き起こしていくことになる。旋風を巻き起こして、まだ三十代なのに、首相候補といわれるような感じになってくる。だから、その首相候補の旋風を巻き起こしていくためにも、どうしても、自分の相手というのがどういう人かということが大事なのだ。

ということで、二人は密かに興信所に手を回して、舞子の素性を探ろうとして、調査依頼を一カ月前にしていた。その調査依頼が返ってきて調べてみると、なんと舞子は、昼間は大手町にある有力な大銀行の役員秘書として、堅実に勤めているという。その写真を見てみると、夜の姿とはまったく違った清楚な美人で、夜にこういう所でアルバイトをしているということは、まったく誰にも知られていない。交友関係は極めて限られていて、自分の正体に気づかれないように慎重に選んでいるらしい。

クラブのママに訊いてみても、お客さんは指名してくる人は多いけれども、決して、お持ち帰りやお持ち出しには、彼女は乗ってこないという。その身持ちの堅さが、みんなをもって「ほう」と言わせている。なぜなら、彼女はお金には全然困っていないから、特にそういう関係に入る必要はないのだ。だから、週二回だけ、「人間学の研究」と称して来ている。

こうして、「ああ、どうも昼間は、ちゃんとした女子大を卒業した才媛で、大手銀行の役員秘書をするような経歴だ」と知れた。結婚対象として狙える相手ではあるということは分かってきた。ここで、父親はとうとう息子の気持ちを悟って、自分の愛人にするのは諦めて、息子の嫁候補に選ぼうかなと考え始める。

これから、舞子と太郎の駆け引きが始まっていくのだ。

将来、作家になりたいという舞子に対して、その希望を受け入れつつも、自分のほうに関心を持たそうとする太郎。

「でも、政治って、聞くだけだったら面白いけれども、実際に渦中の人になると大変でしょうね。政治家の奥さんってとても忙しくて、人によっては、田舎のほうの選挙事務所を守らなきゃいけない人もいるって言うじゃないですか。田舎で選挙事務所を守って地盤を固めているうちに、東京で別の愛人ができて、家庭が二つある政治家もいるって言うじゃないですか。まあ、いろいろと難しいこともありましょうね」というようなことを、彼女は言っている。

しかし、何とか、何度も何度も通い続けて、息子の太郎のほうは、「僕は次の衆院選で必ず当選するからね」というようなことを言って、「そうですか。まあ、当選されたら、また考えてみます」というようなことを舞子は言うんだが、現実に、次の衆院選に出て、太郎のほうは当選してしまう。議員バッジを付けて「クラブZ」にやって来た。「どんなもんだ」というような顔をして、鼻の穴を膨らませてやって来る。

「そうねえ、議員先生になったかあ。うーん、じゃあ、私の個人のメールアドレスも教えてもいいかなあ。でも、私ねえ、遊びだけで捨てるっていうタイプの男性は大嫌いなので、そのへんだけは分かっててくださいね。だから、もし、お付き合いするというんだったら、それなりに真剣に考えてくださいね。私も、そういうタイプの男性に遊ばれて捨てられるだけだったら、もうこんなクラブはすぐ辞めますから。やっぱり、自分は作家になって、そして、ある程度有名になったら、次はテレビなんかにも出てみたいなと思っているんです。女性としてのキャリアもつくりたいなあと考えているんですよ。だから、小説にあなたが登場することもあるかもしれませんから、お互いに品と節度は守りましょうね」と、こういうことを彼女は言ってきた。

最初は、デートといっても、何の変哲もない日比谷公園のような所を散歩したり、あるいは、横浜あたりで海岸を見たりというような、ごくありふれたデートしか彼女は乗ってこない。

しかし、あるとき、彼女はだんだんに、「この太郎を総理大臣にしたら、この日本をどういうふうに変えられるのかな」というようなことを考え始める。太郎は熱っぽく、「日本の国防が大事だ」ということを言っている。

「国防かあ……。確かに、私の感じでも、『この国の未来はとても危ない』とは思っている。こんな有力な人が来て、『この国の人々を守る』ということを打ち出して、権力者に登り詰めれば、確かにいいこともあるかもしれない。この鼻っ柱の強さが、左翼勢力の批判を跳ね返して、新しい政治を日本にもたらすかもしれない」。そういうことを舞子は考えて、次第しだいに心の距離が縮まっていくようになる。

太郎と舞子の秘密

川端康成　一方、太郎のほうは太郎のほうで、もう一つ秘密があった。

彼は政治家として大人物になることを目指しているものの、学生時代から、実は新しい宗教である「未来の科学」という宗教の信者で、宗教の勉強もしていた。心の勉強をしなければ駄目だし、人間としての正しい生き方も学ばなければいけない。その「未来の科学」では、人によっては超能力を授かって、予知能力が出てくる人とか、また、霊視ができるようになったり、あるいは、はるか遠い所を遠隔透視するような人も出てくるという。なかには、信じられないけれども、宇宙人とも話ができるという人もいる。

これは彼の隠された経歴の一つではあるけれども、宗教のなかで身を潜めて勉強していた時代もあった。自分自身にもそちらに惹かれる気持ちもあって、もしかしたら、政治家になったときにこの宗教が大きくなっていれば、自分の後援会としてバックについてくれるということも考えてはいた。

彼には、そういう秘密があった。

そうした両者の秘密がありながら、つかず離れずデートをしていくうちに、太郎のほうは、何か不思議な感覚に打たれてくる。どうも、この舞子という存在は年を取らないらしいということが分かってくる。もう付き合って何年かになってきたが、いつまでたっても年を取らないで、むしろ若返っていくような感じさえする。

これは一種の魔法のようなもので、何か神秘的な力を持っているんじゃないか。それから、人の心を捉えるのもうまいし、見破ってくる。もしかしたら、何らかの超能力者なんじゃないかということを、太郎のほうは疑い始めてはいる。でも、それがいい方向に働くならば、政治家の妻になっても、おそらく役に立つだろうとは思っている。

一方、舞子のほうは舞子のほうで、この太郎の未来を予想している。おそらく、天下取りに乗り出すだろうとは思っている。自分もそれに協力できることもあるかもしれないとは思っている。

ただ、この太郎の心も三段重ねぐらいになっていて、お重を一番目、二番目、三番目と順番に食べていかないと、なかなか本当の核心(かくしん)には当たらないし、女性にはモテモテであっただろうから、そう簡単には心を開かないことは分かっている。

そして、舞子には、決して気づかれてはならない秘密があった。それを知られることだけが、どうしても、彼女には困ることであった。

それは、東京の街、あるいは東京以外の街でもあることだが、休日にときどき、彼女はフラッといなくなることがある。そして、ハイキングなり街の散歩なり、いろいろしてくる。

その途中(とちゅう)で出会った人に、彼女が親切な行為(こうい)を何かする。例えば、落とし物で困っている人とか、道に迷っている人とか、あるいは歩き疲(つか)れて椅子(いす)に座(すわ)っている人とか、いろんな人に出会ったときに、彼女が親切な声をかけて、肩に手を置いて、二回ポンポンと叩くしぐさをする。そのしぐさをされた人は、必ず、翌日、変死体になって死んでいるということがある。

この因果関係はそう簡単には分からないけれども、彼女に肩をポンポンと二回叩かれた人は、必ず死神に憑かれたように生気を抜き取られて、そして、翌日、まったく想像もつかないような姿になって死んでいるということがあった。それは、彼女が、実は古来伝わっている妖魔としての性質等を持っているからであった。

だから、彼女は、表面にいる彼女だけがすべてではない。彼女には彼女の眷属、すなわち、彼女をあの世の世界から指導している妖魔というものがいる。その妖魔は、あるときには唐の時代に楊貴妃に取り憑いて、そして、玄宗皇帝の唐の最盛期を一気に傾けて、最後は、自分もはかなくもこの世を去っていくことになった。そういう悲劇のヒロインともなった、その楊貴妃にも憑いていたことがある。

そのあと、唐から追われて日本に渡ってきたことがあって、日本では、藤原薬子という妃にも取り入って、そして、「薬子の変」を起こしたこともある。

はっきりと言えば、そういう妖狐というのが、その妖魔の正体だ。視る人によれば、それは、尾が九つに分かれている九尾の狐。

ただ、この九尾の狐は、誰かを狙ったときに、前半生は、その人生を必ず盛り上げてきらびやかにし、人々の人気を集め、そして、最盛期が来るように見える。しかし、後半生では、必ずその人生を崩していって、時代を終わらせてしまうということがある。

そうした妖狐が憑いていて、その妖狐が生命力を吸い取っているのだ。舞子に若々しい命をいつも維持させるために、人の命を妖狐は貪って食べているというのが真実だった。

これだけは、決して知られてはならないことだった。

一方の太郎のほうも、実は学生時代に不思議な体験をしていたことがあった。太郎は宗教に関心があったので、学生時代に高野山に登ったことがある。高野山で参道を歩き、弘法大師がお籠もりをしたというお堂に向かって、杉木立のなかを歩んでいるときに、一瞬、未来の幻想を視て、自分が未来世で超能力者になっているような、そういうデジャヴを視たような気がした。「弘法大師の霊廟に向かう途中に、石畳の上でそれを視たということは、自分には何か、弘法大師との縁か、あるいは、もっと違った未来というものがあるのかもしれない」というようなことを、若いころから頭の片隅には置いていた。

ただ、今は政治家としてやっているので、そういう超能力があったとしても、人の心をつかむ超能力になればいいと思っていた。

そういうふうな秘密のある両者であるが、あるとき、舞子が銀行の仕事で、非常に大変な緊急事態に巻き込まれることになった。突然、金融監督庁の検査が入ったのだ。疲労困憊して、金曜日にお店に来られない事情が出てきた。

太郎は、興信所で調べたとおり、舞子の勤めていた太平洋総合銀行という大銀行の場所も確定していたし、彼女がそこに勤めていることも知っていたので、いつも来るはずの舞子が来ないため、自分のほうから太平洋総合銀行のほうに車で向かった。

そして、「何かあったんだろうか」と外で待っていたら、定時よりもずっと時間が過ぎて、やっと、くたびれ果てた舞子が出てきた。太郎が見ているのも知らずに、独り言を言う舞子がそこにあった。

「ああ、今日は大変だった。もうちょっとで、この銀行にとって大変なことが起きるところだった。銀行業務がもう終わってしまうかもしれないような重大事件だったわ。もう、今日は精根尽き果てた。家まで帰り着く自信がないし、お店にも行けないわ。どうしてもエネルギーの補給をしなければいけないわ」と言って、彼女は普段ならばもっと用心深いのに、夜の東京のなかで尾行されているとも知らずに、ついつい若い男性に声をかけた。

「あの、すみません。私、足を痛めているので、ちょっとだけ、駅まで肩を支えていただけませんか」と言うと、若い男性は肩を貸して彼女を駅まで送ろうとする。そのときに、左肩をポンポンと二回、手で叩いた。

普通なら、すぐには変化が起きないはずだ。しかし、このときばかりは彼女が焦っていたために、二回ポンポンと肩を叩いた瞬間に、その男の顔色が真っ青になって、生気を抜かれたようになった。彼はいきなり仰向けになってコロンと歩道で倒れてしまった。周りから見たら、何か分からない。

舞子はそれを見てびっくりして、「ああ、しまった！　早くやりすぎたわ。エネルギーを抜いてしまった。誰にも見られていなければいいけど」と思って、小走りでそこから立ち去ったが、太郎は「これはおかしい」ということを一瞬にして見抜いた。

妖魔を見破る女教祖

川端康成　そこで太郎は、高野山とも関係があり、一定の信仰を持っている、学生時代に通っていた「未来の科学」の本部を訪ねる。

そこで、若き女教祖に相談事を持ち込む。

「結婚を考えている女性がいるんだけれども、どうも、彼女はいつまでたっても年を取らないし、他の人からエネルギーを抜くという術を持っているらしい。また、人間関係を見通す能力とか、その人の心を読み取る能力とかは異常だ。

こういう占い師のようなことを頼んでたいへん申し訳ないのですが、教祖様、どうか、彼女と私との関係について、どういうふうに未来を見られるか、ご相談させてください」。そういうことを言う。

そうすると、橘勝子という女教祖は、「分かったわ。それなら、私も全身全霊を傾けて、あなたの未来を視てみましょう」ということで、彼女の秘密の宝具、大きな丸い鏡を取り出した。これは御神器として古代から伝わっているものであるらしいけれども、その大きな丸い鏡に向かって精神統一をしていくと、未来の姿がその鏡のなかに映ってくるというのだ。そして、過去も未来も映せるという。

そして、実は、天上界も地獄界も映すことができるという「照魔の鏡」のような存在が、この御神器のなかにあるということで、その女教祖が一心に鏡に対して祈りを続けていると、次第にいろんなものが映ってくる。

まず、その舞子が二つの顔を持っている。昼間の顔と夜の顔が全然別人になっていく、そのシーンが鏡のなかに映ってくる。そうすると、自宅に帰ってブロンドに姿を変えるときに、信じられない光景が見えてくる。

昔、「画皮」という中国映画があったし、『聊斎志異』にも書かれていることであるけれども、頭を後ろから二つに割って、皮を脱ぐようにして取り替えている姿が見えてきた。

それを見たときには、太郎も一瞬、心臓が凍りつくような思いをした。

そして、彼女は、夜の世界と昼間の世界を使い分けていた。

続いて、過去の転生もその鏡が映し出すが、唐の時代の楊貴妃や、平安時代に入ったときの藤原薬子、それに彼女が二重写しになって、さらに妖狐が憑いている姿が見えてきた。

教祖は太郎に向かって言う。

「これは大変な相手を選んだようですね。彼女と結婚すれば、確かに、あなたは総理大臣にまでなれるかもしれません。しかし、そのあと、この国の大崩壊が始まります。この国は、おそらく一気に崩壊への道を歩むことになるでしょう。

あなたはどうですか。どうしても総理大臣になりたいですか。『どうしても総理大臣になりたい』というなら、彼女と結婚することもいいでしょう。

しかしながら、あなたを総理大臣に押し上げるその妖力は、実は、そういう、千年、二千年と妖力を蓄えた九尾の狐が持っている妖力です。

だから、最初はすごく華やかで、艶やかで、素晴らしい人間関係と人々の祝福に包まれます。しかし、そのあと、次第にあなたは本業をおろそかにします。そして、この国は次第しだいに、『他国からの防衛』を言っていたあなたの言葉を忘れ、いつの間にか他国からの侵略を呼び込むようになってきます。あなたの心が変わってきて、周りの人の意見を違ったふうに聞いていきます。そして、最後は、あなたは暗殺されて終わる人生になります。

それでも総理大臣になりたいですか。それとも、この妖魔との関係を断ち切って、政治家として、総理大臣になれなくてもいいから、自分の信条を守って、真っ当に、この国の国民のために生きたいですか。

どちらを取りますか。もし後者を取るのなら、私にはその方法があります。あなたを護(まも)ります。しかし、もし前者を取るというのならば、この妖魔の憑いた山本舞子が本性(ほんしょう)を現してきますので、そのときには、あなたは戦わねばならなくなります。どうですか」

太郎は、「そうですか。分かりました。しかし、総理大臣には、僕はぜひなりたいんです。総理大臣にはなりたいが、その妖狐が妖力を出して、私をまったく駄目にしてしまって、日本を破壊する前に、彼女に憑いているその九尾の狐を追い出すことができれば、人生は変わるのではないでしょうか。そういう修法(しゅうほう)はないのでしょうか」。

そうすると、教祖は、「いいえ。実は、ないわけではありません。あなた自身が悟りを開いて、あなた自身が、本当のあなた自身を取り戻(もど)したときに、あなたは

『空海があなた自身の過去世の姿だ』ということを思い出すでしょう。その空海と一体になれば、あなたはその妖狐に打ち勝つこともできるでしょう」。

「そうですか。では、彼女に知られないうちに、私は『未来の科学』で修行を積んで、自分の過去世と一体になれる行をやっていきますが、彼女の魅力にも惹かれているので、今のまま、彼女との関係も進めていきたい」。そういうことで、中間を取った考えを彼は出した。

しかしながら、やがて、結婚式の日が近づいてきて、結婚式の当日になった。元総理である父親は、政財界の有名人、大立者をいっぱい呼んでの結婚式を目指して、ホテルを借り切った。

だが、その結婚式の最中に、彼には、花嫁になるべき彼女の姿に「九本の尻尾がユサユサと揺れている姿」が重なって目に視えてきた。将来のことではなく、現在ただいま、自分が妖狐と結婚しなければいけないことになるのではないか、ということが分かった。

その結婚式の当日に、とうとう、彼自身も天上界から強力な光を浴びて、空海自身に、自分自身の意識が変わってしまうという変性意識の経験をしてしまう。

せっかくの和（なご）やかな優雅な結婚式だったのに、この結婚式の場が「妖魔 対 念力僧（そう）・空海」の死闘の場に変わってしまうということになる。

結果は、空海の密着霊指導を受けた太郎は、その妖狐を見破って、そして、これを飛ばしてしまうということには成功はするのだけれども、彼女自身は、半狂乱（はんきょうらん）のかたちになって、式場から逃（に）げ出してしまうという姿になってしまう。

ラストシーンは、横浜で雨に打たれながら、結婚に失敗した二人が、もう一度会う。

「それぞれの人生を歩んでいこうか。これからは人をたぶらかしたり、そういう怪（あや）しげな霊力（れいりょく）を使って道を曲げようとするのではなく、人間として、自分自身の力で道を切り拓いていこう。そういう健全な人間に戻ろうじゃないか」という話をする。

そして、太郎は彼女に、「君も『未来の科学』に来ないか。そこで心を透明にして、教祖の持っている『照魔の鏡』に自分の未来が映っても、まともな人間として未来があるように生きよう。『もう二度と妖魔の世界に還らない』ということが確信できるまで、一緒に修行しないか。それまで結婚は見送って、僕は政治家としてやるべきことはやり続ける。君も、銀行員として勤めながら作家修行をしてもいい。しかし、どうか、普通の人間、まともな人間、誠実な人間になる努力をしようじゃないか」、そんな話をして、普通の男女になったかたちで抱き合うところで、この物語は幕を閉じることになる。

以上です。

2　語り下ろしのストーリーを解説する

川端康成　どうでしょうか。

質問者Ａ　面白(おもしろ)かったです。
ただ、山本舞子(やまもとまいこ)さんの〝妖魔(ようま)っぷり〟については、ほかに何かありますか。心の内は、本当に、留学費用を稼(かせ)いだり、親に仕送りするためだけに……。

川端康成　それは口実です。

質問者Ａ　口実で、実際の心のなかでは、どんなことを思っていたのでしょうか。

川端康成　やっぱり、日本の権力者を探していたというのが本当です。だから、それは口実なんです。

質問者Ａ　なるほど。そういうことも、物語に入れていかなければいけないということですね。

川端康成　そうですね。
ほかに訊きたいことはありますか。

質問者Ａ　式場では、どういう戦いになるのでしょうか。

川端康成　えっ？

質問者Ａ　式場での戦いが……。

川端康成　だから、奇想天外でいいでしょう？

質問者Ａ　念力戦？

川端康成　うん。ホテルの結婚式場のなかで、例えば、シャンデリアがピカピカついたり消えたりが始まって、風が吹き、もう嵐のような状態がなかで起きて、人が逃げ惑ったり、そこに何か、いろんなＣＧが入ると思いますけれども、恐怖の妖怪とかが現れたりというような感じですかね。

質問者A 「霊界の妖狐軍団も来る」というような。

川端康成 うん、出てくる。いっぱい登場してくる。これは、もちろんセットでやることになると思いますけれども。

そのなかで、太郎は自分の本当の姿を、もう一つ見せてくる。過去世で空海だった自分というのを自覚して、その力を発揮して、「未来の科学」の新しい修行方法等も合体したかたちで、そうした妖魔の軍団を叩き伏せて、そして、時間も止めてしまう。一瞬、式場の人たちの時間を止めてしまって、その間に妖魔たちをだいぶ撃退させるということがあってもいいと思うんですよね。

質問者Ａ　では、「九尾の狐は山本舞子さんに憑いていた」という設定でしょうか。

川端康成　まあ、このへんについてはよく分からない。憑いているかもしれないし、本人自身も実は……。

質問者Ａ　ああ、（本人自身）も、その変化身があるかもしれないと。

川端康成　その分身かも分からないけれども、これについては、本当はよく分からない。

質問者Ａ　けれども、「そういう妖魔の世界から、何とか救い出せないか」と、太郎は思っているということですか？

川端康成　そう。それを引き剝がせば、普通のままの……。

質問者Ａ　仏性が輝くのではないかと。

川端康成　普通のままの山本舞子でも、自分としては好きになっている。大手銀行の秘書をやっている山本舞子でも、自分の相手としてはいいと思っているから、妖狐の部分を何とかして切り離せないかと、実は思っているというところですね。

結婚して、だいぶたって、総理になったあとぐらいに外そうと思っていたのが、結婚式の当日に、実は姿が現れてしまったっていうところですね。

質問者Ａ　まあ、それはそうですよね。

川端康成　出ますよね。

質問者Ａ　〝ゲット〟したら出ますよね。

川端康成　出るよね。

質問者Ａ　ここから本領発揮しなければいけない。

川端康成　「女のほうの本性が出てきた」「男のほうも、実は隠（かく）された面があった」ということで、ここで火花が散るかたちになって、敵同士になって、「薬子（くすこ）

の変は、空海の呪法によって平定された」ともいわれているので、そういうものがフラッシュバック的に入っても、まあ、いいと思いますけどね。
そして、「父親の元総理が、実は過去世で玄宗皇帝だった」と、そういうことも入れてしまう。

質問者Ａ　それは「あり」として……。

川端康成　あり。

質問者Ａ　もう入れてしまう。

川端康成　玄宗皇帝だから、楊貴妃に憑いていた妖狐を使う彼女に惹かれていたわけですよね。だから、結婚問題は、自分の愛人にするのはためらって、息子の嫁にならないかというようなことを考えたわけですね。

質問者Ａ　やはり、「滅ぶときに、たくさんの人のアニマを吸える」ということなのでしょうか。

川端康成　そうですね。

質問者Ａ　それで妖力を増すということですか。

川端康成　人の人生を吸い込むんですね。

質問者A　ああ……。

川端康成　人のね、「未来」「希望」「愛」、そういうものを吸い込んで、実は力を増すんですね。

質問者A　今、ようやく分かりました。「なぜ、滅んで妖力が増すのだろう」と思っていたんですけれども。

川端康成　その人たちの成功部分を吸い取るんだよ。

質問者A　なるほど。そういうことですか。

川端康成　ええ。（映画は）つくれそうですか。

質問者Ａ　つくれるのではないでしょうか。

川端康成　この、今の最後のストーリーから見れば、今まで録った参考資料（霊言）が生きてくると思いますよ。使えると思う。

質問者Ａ　そうですね。

川端康成　じゃあ、こんなところでいいですか。

質問者Ａ　はい。ちょうど一時間です。

川端康成　はい。

質問者Ａ　ありがとうございました。

川端康成　じゃあ、よろしくお願いします。

（編集注）本原作霊言ならびに他の数多くの参考霊言を踏まえ、大川咲也加・幸福の科学副理事長が執筆した脚本をもとに、映画「美しき誘惑―現代の『画皮』―」を製作することとなった。

本霊言では、舞子の過去の転生が楊貴妃や藤原薬子となっているが、映画では舞子は九尾の狐に取り憑かれた存在として描かれている。また、太郎の過去世の名前が「空海」となっているが、その後の脚本作成のなかで「海空」となった。

なお、太郎の父親の過去世について、映画では「玄宗」という言葉が出てくるわけではないが、本霊言と同じく「唐の時代の玄宗」という人物設定になっている。『小説　美しき誘惑―現代の「画皮」―』（原作 大川隆法・著者 大川咲也加、幸福の科学出版刊）では、この部分がより詳しく描かれている。

「霊言現象」とは、あの世の霊存在の言葉を語り下ろす現象のことをいう。これは高度な悟りを開いた者に特有のものであり、「霊媒現象」（トランス状態になって意識を失い、霊が一方的にしゃべる現象）とは異なる。外国人霊の霊言の場合には、霊言現象を行う者の言語中枢から、必要な言葉を選び出し、日本語で語ることも可能である。

なお、「霊言」は、あくまでも霊人の意見であり、幸福の科学グループとしての見解と矛盾する内容を含む場合がある点、付記しておきたい。

第2章　蒲松齢による参考霊言

――「画皮」とはどのような存在か――

二〇一九年七月九日　収録

幸福の科学　特別説法堂にて

蒲松齢（一六四〇～一七一五）

中国・清代の作家。字は留仙または剣臣、号は柳泉居士。中国山東省淄川に生まれる。卓抜な文才を持ち、十九歳で童子試（県試、府試、院試）すべてを首席で合格するも、科挙の試験（郷試）には落第を続ける。その間、生計のために家庭教師や幕僚を務めながら、各地に伝わる伝承や珍しい話などを収集し、約五百篇の怪異譚を収めた『聊斎志異』を著した。

［質問者はAと表記］

〈霊言収録の背景〉

二〇二一年五月公開予定の映画「美しき誘惑―現代の『画皮』―」を構想するに当たり、短編「画皮」を含む中国の怪異譚『聊斎志異』の編著者である蒲松齢の霊言を収録することとなった。

1 『聊斎志異』を書いた蒲松齢に「画皮」について訊く

現代にもある「画皮」の問題

（編集注。背景に幸福の科学の根本経典である『仏説・正心法語』のCDがかかっている）

大川隆法　『聊斎志異』の編者であります、編著者であります、蒲松齢。中国の蒲松齢さん。中国の清代の蒲松齢さん。出てくることはできましょうか。

中国・清代の蒲松齢さん。蒲松齢さん、出てくることは可能でしょうか。

（約十秒間の沈黙）

蒲松齢　うーん……。うん……、うん……、うん……。うん……、うん……。うーん。

質問者Ａ　蒲松齢さんでいらっしゃいますか？

蒲松齢　うん。

質問者Ａ　日本語をお話しになりますか？

蒲松齢　うーん……。うーん、まあ、うん……。

質問者Ａ　中国の怪異譚（かいいたん）である『聊斎志異』を書かれたということで、よろしいですか？

蒲松齢　うん。

質問者Ａ　その書かれたなかの「画皮（がひ）」という項目（こうもく）が、近年、映画化もされているのですけれども、よくできてはいて、やはり「画皮」という問題も、一つ、現代でもあるのかなと思います。

蒲松齢　うん。うん、教えはあるね。

質問者A　はい。

蒲松齢　外見でね、人は見るからね。

質問者A　はい。仏教の教えのなかにもありますし。

蒲松齢　うん……。皮だけ付け替えたらねえ？　化かせる。だから、まあ、化け物が昔から化かすのは、それは、外見で化かすからね。心の底を読み抜かれたら、正体が暴露する。これが「エクソシストの原型」だわな。

質問者A　なるほど。

蒲松齢　外見で人は騙(だま)されるし。現代のビジネスも、まあ、そうした「外見ビジネス」っていうのは、けっこうあるわな。化粧品(けしょうひん)、服から、ねえ？

まあ、ファッション系とかは、特にそうだわな。

質問者Ａ　心のなかで何を思っていたとしても、それは人にはバレないから、「表面上、きれいな言葉を並べる」とか、「顔がきれいである」とか、「かっこいい」とか、「おしゃれである」とか、そういう見た目で、ほかの人に自分というものを見せることができる、と。まあ、（そう思っているうちは）偽(いつわ)りの自分なのですけれども。

蒲松齢　まあ、ただ、半分はそれで通ってしまう場合もあるからね。「偽り」と言えるかどうかは分からない。

この世自体が偽りでもあるから。この世自体がそういうもので、例えば、お金とか、家とかね、会社とか、会社名とかね、肩書とか、名刺だな、そんなもので、お金や贅沢品でもごまかせるしね。

心がはっきり分かる人もいるが、分からない、読めない人はいっぱいいるからね。

質問者A　ただ、やはり、肉体が死んだあと、持って還れるのは心だけになってしまって、死後、裁きは受けるというか、「その心がどういう状態であるのか」ということが、天国・地獄に分かれる大きなポイントの一つにはなるわけですよね。

そこを、やはり宗教として、伝えていかないといけないところがあるのかなと思うのですけれども。

蒲松齢　仏教的には「色心不二」と言うように、影響し合うものでもあるのでね。だから、「外見だけ美しく、中身が汚い」「中身は美しくて、外見だけが汚い」ということが完全に成立するかといえば、そうでもないところはある。

外見が美人なら、心がだんだん高慢になってきたり、野心が生まれたり、欲が膨らむことはあるわな。それが、心がきれいだったら、外見がきれいになるかというと、必ずしもそうなるわけでもないわけで。

それはまた、相手も心の目が開けていて、その人の本来の清らかさや美しさが分かる人にとっては分かるが、普通の人は、やっぱり外見で判断するし、それは、就職する際の履歴書の写真だけで書類審査されてしまう。芸能系でも、そうだろうね。

だけど、昔から、狸、狐をはじめ、あやかしの類が騙かすというのは、やっぱり、その外見で騙すよね。実際に自分自身が変身して、そういうふうに見せる場合もあれば、その魔法がかかったようになった人、その人の目にだけ、そう見えている場合もあるわな。「恋は盲目」といって、好きになると何でもよく見えることもあるから。

質問者A　そうですね。

蒲松齢　それが冷めたときには、全部が嫌に見えてくる。
だから、好きになれば、相手の幼稚なしぐさとか、何と言うか、散らかしているものでもねえ、「子供みたいね」と言って、かわいく見えることもあれば、冷めてしまえば、「ほんと、何にもできないんだから」と、「だらしない」と見える場合もあるからね。

この「色心を分ける、分けない」のところは、人生にとっては非常に大きな問題ではあろうなあ。

「変身」は、昔からの一つの大きなテーマ

質問者Ａ　この「画皮」というのは、（『聊斎志異』のなかに）たくさんあるなかの一つの話なのですけれども、蒲松齢先生はどうやって……、何か、つくったのか、ご覧になったのか。

蒲松齢　うーん、まあ、そういう話はよくあるので、昔からねえ。昔に行くほど、そうだわなあ。

質問者Ａ　言い伝えで、あったのですか？

蒲松齢　普通は、「狐か何かが化ける」っていうのが一般的なあれだがな。

その（「画皮」の）場合は、「皮を脱ぐ」というのが出ているから、いわゆる「化け物」だわな、化け物があるし。

あるいは、もう一つとしては幽霊が取り憑いて、そうすると、癖とかいろんなものが出てくるからな。しゃべり方や着るものとか。それが、例えば、「死んだ女房のように見えてくる」とかいうこともあるが。

ただ、そういう「変身の化け物」がいてもおかしくはないわなあ。

だから、うーん……、そうだな、また、宇宙との関係まで言えばね、そのちょっと前、古代、まあ清代ぐらいでもいいが、数百年前ぐらいに宇宙から来た者がいたら、宇宙から来た者は、今の映画によれば、ほとんどみんな「変身能力」を持っていることは多いわなあ。その変身の現場を見られたりしたら、まあ、そんなふうに、その時代の人なら捉(とら)えるだろうな、皮を被(かぶ)っているように。

質問者A　なるほど。「V(ヴィ)」という（海外）ドラマがあったんですけれども。

蒲松齢　そうだね。

質問者A　人間の皮を剝(は)ぐと、なかから、レプタリアン系の、爬虫類(はちゅうるい)の宇宙人が出てくるとか、そういうものもありました。

蒲松齢　今の考えとしては二つあって、遺伝子を組み換(か)え、操作して、新しいものにつくり変えていく方法が一つと、もう一つは、そういう変身スーツみたいなものを何か持っているっていうことだね。科学技術が進めば、そういうことはありえるかもしれないからねえ。「何かの写真に合わせて、こういうふうに外見を変身させる」という、「変身スーツをつくる」ということは、人類の希望から見ればありえることだわなあ。

質問者A　でも、心をコントロールできるようになって、悟(さと)りが高まると、自分の姿を自由自在にできるというところもありますものね、逆に。

蒲松齢　うーん。まあ、「変身」というのは、昔からの一つの大きなテーマではあるんですがなあ。

日本にも縁（えん）がある、蒲松齢の魂（たましい）の秘密

質問者Ａ　ちなみに、蒲松齢先生は、霊界（れいかい）ではどんな世界にいらっしゃるんでしょうか。

蒲松齢　まあ、こういう世界だろうねえ。そういう、怪異譚を集めたりするような世界にいるんじゃないかねえ。

質問者Ａ　中国霊界ですか？

蒲松齢　うーん……、とは限らないけどね。

質問者A　お友達とか、魂のごきょうだいとかで、私たちがすでに知っている方はいらっしゃいますか?

蒲松齢　柳田國男とか。

質問者A　お友達?

蒲松齢　うーん、友達……。

質問者A　柳田國男先生が蒲松齢先生ということですか?

蒲松齢　うーん、まあ、そうかな。

『日本民俗学の父　柳田國男が観た死後の世界』(幸福の科学出版刊)

質問者Ａ　あっ、なるほど。

蒲松齢　同じような仕事をしたわな、うん。

質問者Ａ　上田秋成（うえだあきなり）さんとかとは近いですか？

蒲松齢　いや、つながりはあるというか、まあ、知ってるよ。

質問者Ａ　そうですよね。『雨月（うげつ）物語』とかも近い……。

蒲松齢　当然、知ってるよ。

2 「画皮(がひ)」をめぐる現代的テーマ

「顔がすべて」という考え方について

蒲松齢　だから、まあ、現代の課題はね、「思い切って、そうした古い時代の妖(よう)怪譚(かいたん)をそのまま使えるレベルにするか、それを使わないでやるか」っていうところだわなあ。それは割り切りだわな。

映画を単品と見て、それぞれワンテーマに絞(しぼ)ってやるなら、それを観(み)れる人、観れない人が出てくるけどね。それを、現代的なカモフラージュをして、そういうふうに見えるようにするか、しないか。

まあ、ここに挙がっている（幸福の科学の職員による「プリンセス・シンドローム」という）案も、現代的に見えるようにしようとする案ではあろうけどねえ。うーん、まあ、こういうことではあろうけどね。これを、さあ、物語として、面白みが出せるかどうかっていうところだわな。

質問者A　そうですね。ストーリーにするところですよね。

蒲松齢　まあ、顔が好きじゃない……。まあ、確かに、「顔」にだけこだわる人もいるし、はっきりと言う人もいるし、こういうことは言わない人もいるからね。顔だけでなくて、「総合点」で考えるような人もいるし、顔だけでなくて、「容姿全体」で見る人もいるし、「心」を言えば、あとは「頭」も言う人もいるし、「気立て」という言い方をする人もいるし、「家」「家柄」とか、そういうのを言う人もいるし。やっぱり、これはみんな〝付け加え事項〟ではあるからねえ。

質問者Ａ　そうですね。

何と言うのでしょう、「相手側がどういう人物か」という設定もあると思うのと、もう一つは、「画皮（がひ）」と言っていいのか分からないのですけれども、「〝画皮している人〟自体が、実はどういう心境で画皮になっているのか」というところも、やはり見せなければいけないところはあるのかなと思うのですけれども。

蒲松齢　もし、本当にね、例えば、男のほうが「もう顔だけ。顔がすべてだ」と思っている男だとすればね、やっぱり、それは、心で引きつけ合う相手も、そういう女であることのほうが多いわなあ。

質問者Ａ　なるほど。向こうも……。

蒲松齢　「男も外見」と思っているような。

質問者Ａ　女性のほうも、そういう同じような価値観の人を引き寄せているという。

蒲松齢　男も、外見でなければ、ちょっとした〝飾り〟でね、みんながこう、「すごいね」と言ってくれるレベルに飛びつく女性だよな。だから、外見が美男子でなければ、本当に、見るからにお金がある大金持ちとかね、あるいは会社の社長だとかね、あるいは有名な俳優だ、歌手だっていうような感じで選ぶ。

だいたいはねえ、そういうふうな感じなので。

質問者Ａ　確かに。

蒲松齢　女の側に立ってアドバイスするとしたらね、「もう顔がすべてだ。顔だけで僕は選ぶ」っていうような男は、本当は避けたほうが無難だよね。

質問者Ａ　そうですよね。必ず人は年を取るから、その基準だけの人だと、確実に若い女の人とかに移っていきそうですものね。

蒲松齢　次々と移り変わっていってね、何度も結婚を繰り返すなり、浮気をするなり……。

質問者Ａ　浮気されますよね。

蒲松齢　それは必然だわな、ほとんど必然だね。

質問者Ａ　でも、「美人の人をもらいたい」という、いろんな人の潜在（せんざい）意識を聞くかぎり、「美人をもらうと、自分のステータスになる」「周りから、『こんな美人をもらえるなんてすごい』と思ってもらえる」というようなことを潜在意識下で言っている人は、けっこう多いのかなという気はします。

「飾り」ですね。「宝石」みたいなものなんだそうです。

蒲松齢　まあ、「プリンセス・シンドローム」じゃないけれども、そういうふうに、何と言うか、「顔パス」だよな。どんな世界でも「顔パスで通れる」っていうのは、まあ、あるところもあるからなあ。

質問者A　ただ、最初は顔パスで通るところも大きいとは思うんですよ。例えば、人事面談とか。

ただ、女優さんとか俳優さんであったとしても、最初は「顔」で売れても、そのあと「演技力」がついてこないと大根役者とか言われるし、たぶん、そのうち仕事が減っていくんですよね。

蒲松齢　そうだね。まあ、それは、「顔」も最初の審査（しんさ）ではあるだろうけれども。

質問者A　そう、それで通るのは、長所としていいと思うんですけれども……。

蒲松齢　あと、まあ、「ルックス全体」を見られ、「教養」を見られ、それから

「演技力」を見られ。

質問者Ａ　あと、「人間関係力」とか。

蒲松齢　それから、「人に好かれるかどうか」っていう問題が出るから。

質問者Ａ　そう、そう、そう、そう。出るんですよね。

蒲松齢　本当に「顔がきれいで、心が醜(みにく)い」っていうなら、だんだんファンが減ってくることはあるね。

質問者Ａ　いつかバレてくる。

蒲松齢　「騙せる」と思って演じ続けている、公も私も演じ続けている方もいるかもしれないけれども、でも、だんだんに感じ取ってくるものはあるわなあ。

質問者A　そういう職業ではなくて、一般企業で、みんなから「きれいだね」と言われて入っても、それで最初は通過できても、「出世したい」という思いがあるんだったら、やはり中身とか能力を詰めていかないと、どうしても壁が来るというところはあるので。

妖気を持つ女性によるたぶらかし

蒲松齢　まあ、もう一つのテーマもあるから。
美人でね、シンデレラになりたがる。そのコースもあるが、転落も数多いからね。

質問者Ａ　ああ……。

蒲松齢　そう思って、シンデレラになっていこうとするんだけど、実際は、今度は「男のほうに釣られる」っていうか、罠にかかってね、男に弄ばれて捨てられるかたちになっていくと、だんだんに心もすさんできてね、身を持ち崩していくっていうのはあるわな。

　だから、盛り場の女たちなんかは、そういう持ち崩した女はけっこう増えてくるし、さらに落ちこぼれると、風俗にまで流れていくわな。そこへ行くと、普通のＯＬよりも、もうちょっと妖艶な人はいっぱいいるわなあ。

　これは、ある意味で男の精気を吸い込んで、何と言うかねえ、艶めかしく演じることができるようになっている。不思議なものでねえ、これは分かりにくいんだがなあ。でも、職業なり、やっていることが出てはくるんだよなあ。一種の「妖気」みたいなものが出てくるので。

その妖気が出てこないと、商売はできなくなるね。「堅気か、堅気でないか」みたいなのは、これは慣れた人だったら、すぐに鼻が利いて分けていくからね。

質問者Ａ　その妖気が美しいと思って、魔法にかかっていく男性もいれば……。

蒲松齢　いるね。

質問者Ａ　男性の心境に合わせて、その妖気も、見え方が変わってくるということですよね？

蒲松齢　まあ、昔から、「妖気を持っている女性が、求道心を持って修行している坊さん型の男性をたぶらかせるかどうか」なんていうのも、一つのテーマだよねえ。

質問者Ａ　そうですね。

蒲松齢　ええ。それにたぶらかされるかどうか。
「坊さんなのに、ちょっと、女性が困っているのを助けてやろうとして、背負ってあげたりして川を渡ったりしたら、そのあと取り憑かれて」みたいな感じのね、「追いかけてくる」みたいなことがあるね。
そんなのがあると、小乗仏教みたいに、「女人に一切触れてはいけない」「会話してもいけない」みたいなことも出てくることもあるわな。まあ、それは、仏教的にもテーマの一つではあるわなあ。

質問者A　なるほど。

蒲松齢　まあ、中国的には狐のせいなんかにすることも多いことは多いんだけど、広い霊界を見れば、そういう、何て言うか、霊界は「変化身」がいっぱいつくれるんでねえ。そういう意味では、魔物が取り憑いてくると、ほかの人には違うように見えてくることは、おそらくあるだろうねえ。

「天女の転落」や「天女の五衰」もある

質問者A　この『聊斎志異』に出てくるような「画皮」と、「天女」といわれる美しさを持っている人の違いは何なのでしょうか。

蒲松齢　まあ、伝承だから、これは、はっきりはもう分からないけれども、「皮を脱いでいるところを見ちゃった」っていう話だからね。

質問者Ａ　でも、お聞きしていると、わりと天女系の方でも、やはり美しさが自慢というか、何と言うんでしょう、「自信の一つ」というところもあると思うんですけれども。

蒲松齢　それが「高慢」まで行くか行かないか、ねえ？

質問者Ａ　そういうところですか。「それで相手を騙そうと思うか、思わないか」

とか。

蒲松齢　美しくても、美しさに、やっぱり上下が多少出てくるよね。そういうところに、競争心や嫉妬心が出ることも、劣等感が出ることもあるしねえ。

だから、「天女の転落」もあるし。あるいは「天女の五衰」っていうのもあって、だんだんに年を取ってきて、だんだんに天女がその美しさを失っていくとね、また転生輪廻せざるをえなくなるという。人間にもう一回、生まれ直さなければいけないというのもある。

「天女は美しいけど、天女でも、だんだん年を取って、だんだんに弱ってきて、霊力が落ちてくる。そうしたら、人間にもう一回、生まれ変わって」という。

まあ、本当は、あなたがたの生まれ変わりのシステムからいけば、どうしたら美人に生まれられるのか、それって設計ができるのか、どの程度決められるのか。

質問者A　いちおう、前のお話のなかでは、ある程度、（生まれてくる前に）自分で姿形を決められるというか、親を選んだ時点でだいたいどうなるかが分かるという……。

蒲松齢　でも、同じ親でも違う顔に生まれることもあるし、親に似ていない子も、ある程度はいるからねえ。

質問者A　そうですね。

蒲松齢　それと、やっぱり、生きているうちに顔が変わってくることもあるからねえ。それはねえ、まあ、オーラみたいなものが出てくるとね、それはちょっと、その人の生き方が出てくるよね。だいたい職業の雰囲気(ふんいき)って出てくるじゃない？　何をやっているかっていうのはね。

だから、ここは難しいテーマだね、とてもねえ。

「お姫様(ひめさま)願望」や「玉の輿(こし)願望」について

蒲松齢　まあ、「画皮」を現代に問うとして……。

でも、いまだに「顔だ」って言っている人がいるか。

質問者Ａ　そうなんですよね。そこは、けっこう最近出てくるんですよね。

蒲松齢　でも、若い人ほど、その気(け)はあるけどね。まあ、四十歳(さい)を過ぎて、まだ「顔だけだ」って言っているんだったら、それはまあ、ただの遊び人ぐらいしかいないかもしれないね。

質問者A　顔が、一つ自分の長所になってもいいと思うんですけれども、「顔が美しいから、かっこいいから、もう全部、人より上に立てるんだ」みたいなところまで行くと、やはり、それはちょっと傲慢（ごうまん）かなというところなんですよね。

蒲松齢　最初は、例えば、女優を二人立ててもねえ、どちらを主役にするかといえば、それは「顔のいいほうを立てないといけない」と思うけれども、演技をやらせてみると、あまり差がついてき始めたら、引っ繰り返ることはあるだろうからねえ。

質問者A　それはそうですよね。

蒲松齢　顔は普通でも、何と言うか、庶民性を売りに出して大役者になる人もいることはいるからねえ。

まあ、永遠のテーマだな。

この世に生まれるということ自体が、魂が皮を被ってはいるわけだよ。どんな皮を被ってしまったかによって、人生の行路に多少変化は生まれるよね。

だから、〝お姫様の願望〟っていうのは、そういう身分・地位があるところで、さらに美人で生まれたら、もうこれは言うことなしって、こういうことだよなあ。

天皇家でも、そういうことは言いますからねえ。

美人で生まれたら引く手数多になるかもしれないが、美人でなかった場合は、この世の顔のいい男に惹かれるとかいうようなこともあるしねえ。

いやあ、これは人生観も絡んでくるし、まあ、宗教的な面も絡んでくるし、難しいね。

ただ、昔からの物語としては、うーん……、まあ、お姫様は「美人」としたものだからね、たいていの場合ねえ。あとは「取り替えっこするか」みたいな話になりますけどね、これはどこでも。願望だわなあ。

質問者A　すごくヒットしているので、あまり悪く言えないのですけれども、一種、ディズニーの世界も魔法じゃないですか。シンデレラ・ストーリーみたいなものをよくつくっていて、楽しいところもあるのですけれども、結婚して王子様をゲットしたら、もうそれでハッピーエンドで終わるみたいな。

蒲松齢　そこで終わっちゃうんだよね？

質問者Ａ　それも一種、やはり、ちょっと足りないものがあるから、それがあまり刷り込まれるのもよくないのかなとは思います。

蒲松齢　それは若い女性の人生観だよね。だいたい二十五歳ぐらいまでだよね。もうちょっと長く人生を見た人から見たら、そんな、何て言うかなあ、相手の「玉の輿に乗る」っていうのは、昔から願望はあるけど、それが一生の幸福につながるかどうかは分からない。

もし美人を選り取り見取りの相手なら、そんなに自分を大事にしてくれるかどうかは分からないからねえ。

だから、結婚というのを契約にして、「縛りつける愛」っていうのが次に出てくるわなあ。ところが、「縛りつけてやることが、そんなに幸福か」っていうのもあるから。

例えば、イスラム教なんかで、「結婚した男女以外と性的な結びつきがあったら死刑になる」とかいうのもあるけど、こんなのも、もしかしたら、王様とお妃とか側室とかの間で、これがほかに浮気したりした場合、死刑にするということで、できないように脅していたものも……。もとはそんなところから来ているかもしれないねえ。

容貌も変化するしね。逆に言えば、若いうちに相手を選り取り見取りのときは、まだ選択の余地があって裏表をつくったりもできるが、「容貌が衰えてきたときはどうなるのか」っていう問題があるからね。

質問者A　はい。

蒲松齢　そうすると、若いときに、実は選択がほかの人よりたくさんあったのに、だんだん衰えてきたらそうならなくなるから、これは後年期、中年から老年期に、自分の生活の安定を支えてくれるものが何かなければいけないわなあ。

このへんのところが、「人生の知恵(ちえ)」としてね、人生何十年あるかにもよるけど、考え方としてあるわな。

例えば、一夫一婦制が世界的には大きいは大きいけれども、もし、女のほうが年を取って若い女性のほうがよくなったときに、必ず一夫一婦制でなければいけないということになったら、何らかのかたちで、奥(おく)さんが今度は葬(ほうむ)られてしまうこともあるわな。

質問者A　殺されると？

蒲松齢　殺されてしまう。だって、殺さないと再婚できないのなら、殺されてしまうことになるわなあ。

質問者Ａ　そうですね。

蒲松齢　だからね、物事はよし悪し両方あってねえ。まあ、厳しいなあ、う－ん。

自己犠牲的な女性が少なくなっている現代

質問者Ａ　「現代では、半分は地獄に堕ちる」と教えていただいていますけれども、この「画皮」がテーマというのは、やはり、心とかは目に見えないから、な・い・とか……、何て言うんでしょう。

蒲松齢　つかみ出して見せることはできないわな。

質問者A　できないので。

蒲松齢　達磨大師（だるまだいし）もそうだが。

質問者A　そうそう。

蒲松齢　みなさんがた、あなたがたもみんなそう。顔が生まれつきどうであるかは別にして、みんな、朝はお化粧（けしょう）をしているんだよね？

質問者A　そうそうそう。顔をつくらなければいけないんです。

蒲松齢　みんなが〝画皮をしている〟んだよ、ちょっとは。

質問者Ａ　そうなんです。〝ペインティッド・スキン〟なんですよ。

蒲松齢　現代の魔法だよな。夢中で、みんなお化粧したらちょっとはよくなる。美人でも、すっぴんとなあ？　まあ、ほどほどの人でも化粧してつくるのと、また化粧もプロが入ってつくるのとで、みんなちょっとずつ違ってはくるよねえ。

それに女性の場合は、さらには、宝飾品（ほうしょくひん）から着る服、ファッションでも、だいぶ変わってはくるわなあ。

質問者Ａ　昔の教育だと、戦前は、もっと精神性の部分の教育を学校でもしていたと思うのですけれども、今は、道徳のレベルぐらいでも、精神性のところがたぶん薄くはなっているので、心とか、そういうところに、もうちょっと目を向ける現代人にならないと、地獄に堕ちる人の数は減らないのではないかとは思うんですけれども。

蒲松齢　昔の道徳でいくとね、「自己犠牲的な妻」や、あるいは「自己犠牲的な母」、そういうのが取り上げられることが多かっただろうな。ただ、今の、現代の女性は、自己犠牲的な人は少ないんだよね。

質問者A　そうですね。自分で頑張って働いたら、ある程度お給料を頂けて、それで自分の好きなものを買ってとか、そちらのほうが楽しいなという感じにはなりますからね。

蒲松齢　まあ、「ゲットしようとする人」は多いねえ。だから、自己犠牲は流行らないし、女性たちは嫌うんだよね、それを言われるとね。

質問者A　「それは女性差別じゃないか」というぐらい言われそうな、時代の雰囲気ですからね。

蒲松齢　そう。だから、山内一豊の妻みたいなのが、ねえ？　「いざ出陣」のときのために金を貯めておいて、立派な馬を買って、なんていうのが、もう賢女の誉れになっているけど、「それって、惨めったらしいじゃないか」と、現代の女性なら思うわけだよね。

そういうふうに思うし、「男を立てることが女性の素晴らしさにつながる」っていうことが、なかなか考えられないので、「いい男が、自分にどれだけしてくれたかよ」というふうに考えてしまうし。
あと、やっぱり、昔の人も母を尊敬するのは……。「自分のことは、いつも同じ服を着たり、質素倹約しながら、慎ましく生きながら、子供の勉強のためだけには何とかして学資をつくり出そうとする」とかねえ、そういうのが賢母だったよねえ。

質問者A　そうですね。

蒲松齢　こういうところへの感謝が少なくなってきているから。
今、言っているようなシンデレラ・ストーリーで、そういう、お金もたっぷりあってね、外見ももう言うことなしっていうようなところに生まれた場合、ある意味での、昔で言う「徳」の発生原因があんまりないんだよね。

質問者A　日本全体が少し豊かになってきて……。まあ、美しくあることも、別にいいことだとは思うのですけれども。

蒲松齢　今はデパートへ行けばさ、ＯＬなら誰(だれ)だって服は選んで着れるから。値段には差はあるけれども、ただ、その値段が何倍かによって、何倍か美しくなるわけじゃないからねえ。まあ、自分に合ったのを選べば、みんなそこそこはきれいになれるし、化粧品だっていっぱい売っているから。この化粧品（の値段は）十倍するから十倍美しくなるっていうことは、まずないよねえ。

そういう意味では、「画皮」にはみんな多少なれるし、全員「画皮」を目指しているよねえ。

まあ、アフリカあたりで言っても、〝違った画皮〟をやっているね。唇(くちびる)を伸(の)ばしたりねえ、鼻に竹を通したりねえ、耳飾りをつくったり、変てこりんだけれども、あれが美しく見えるんだろうねえ。顔には色を塗ったり、いろいろしているね。

それを美しいと見るかどうかは別だけどねえ。それは感性にもよるけど。

質問者A　現代において物語をつくるとしたら、どうなるでしょうか。

蒲松齢　そうだねえ……、現代の物語か。

うーん……、昔みたいに、そう簡単に妖怪譚がつくりにくいのもあるし、まあ、魔法っていうのも、なかなか効かない時代に入っているからねえ。

まあ……、確かに、生まれつきの素材でも……。でも、まあ、女優さんとかになっていくと、きれいになっていくのはあるから、やっぱり、それは〝企業努力的なもの〟もあることはあるのかもしれないけれどもねえ。

質問者A　心のなかの優先順位なんでしょうか。感謝の心があるかどうかとか、周りの人に対しての思いとか、何かそういうことより、自分がいかに美しくあれるかが優先する人は、若干嫌（じゃっかん）われるとは思うんですよね。

蒲松齢　うん。だけど、反対に言って、「自己犠牲をしながら相手を立てたり、相手のためにやっている人」のことを美しく感じる心性（しんせい）が、今あるかどうかっていう問題もあるよね。

質問者A　失われつつあるということでしょうか。

蒲松齢　今はそういうことを……。やっぱり出し抜こうとする。人を出し抜いてちょっとでも有利な……。

質問者A　そちらのほうが〝頭がいい〟と。

蒲松齢　と考えるなあ。

質問者A　そう思っている人が多いんですけれども、魂として見ると、たぶん退化している可能性が高い。

蒲松齢　まあ、現代教育は、どちらかといったら「競争」を推薦するからねえ。だから、現代の恋愛もののなかにも、一途な恋みたいなのに惹かれる人もいるよねえ。

質問者Ａ　でも、これは、やはり全体的に唯物論との戦いなんですよね。

蒲松齢　ちょっとでも有利なほうにと考えると、やっぱり、「あれもこれも、いろいろとチャレンジして試して」っていう感じになるからねえ。

それから、環境の問題もあるけどね。地方から都会に出てきて、片方が。夫婦の片側、恋人の片側がね、都会に出てきたりすると、やっぱり都会の女性が美しく見えることもあるしねえ。

そういうこともあるし、まあ、学校が違えばね、気持ちが通じなくなってくることもあるよねえ。

現代人が地獄(じごく)に行くポイントとは

質問者A　うーん。でも、釈尊(しゃくそん)もおっしゃっているけれども、皮一枚剝(は)ぐと、みんな頭蓋骨(ずがいこつ)だけの……。

蒲松齢　そこまで行くと、もう男女の恋愛も成立しなくなるからねえ。

質問者A　そうですね。

蒲松齢　それが「悟(さと)り」というよりは、まあ、「あの世に還(かえ)った状態になる」という意味では、そうかもしれないがね。

質問者A　でも、それがもう分からない。みんな分からなくなっていて、それが、たぶん地獄に行く大きなポイントの一つになっている。

蒲松齢　いやあ、それがポイントの一つというよりは、「この世の物質とか物体、あるいは外見みたいなものが、世界のすべてだ」と思うと、「死んだあとの世界がなくなる」わけだよ。それが地獄に行くポイントなんだよ。

質問者A　なるほど。

蒲松齢　死後の世界のことを考えずに生きて、この世で勝てば全部手に入って、それで、死んだら終わりだと思っていると、「この世だけの優劣(ゆうれつ)の問題」になってくるわけで。

釈尊とかが教えているのは、そんなことより、「この世は必ず去らなければいけないのだから、それからあとのことを恐れよ」ということでしょう？

だから、この世的にみんなが欲しがるようなものに執着すればするほど、この世を去りがたくなる。この世を去りがたくなるっていうことは、まあ、「不成仏霊になりやすい」ということだなあ。あるいは、「憑依霊になりやすい」っていうことだよなあ。

質問者A　みんな、きれいな格好をしていたり、イケメンだったりとかしても、会社のなかとかでは、「あいつを騙して出し抜いてやったら、俺が出世できるな」とか、たぶん思っているじゃないですか。「それが、もし、みんなに聞こえていたら」と思うと、すごく怖いことですよね。

蒲松齢　でも、何て言うか、そういうイケメン系でも、隙をつくっているから、あの世のね、そういう「惑わかし系」のものも入ってこられて、「悪魔の誘惑」はあると思うんだよね。

イケメンに取り憑けば、そのイケメンを使って女を誘惑するっていうのをやって、堕落させていくっていう。本人も堕落させて、ほかの人も不幸に巻き込んでいくようなこともできるし。

質問者A　「ドリアン・グレイ」みたいな？

蒲松齢　うん。逆に今度はもう一つ、あなたがたが今経験している「生霊の世界」も、いろんな人から「好き好き」と思われることも、けっこう厳しいものはあるよね。

要するに、優柔不断になって決められなくなってくる。いろんな人から念波がいっぱい来るっていう。ねえ?

そういう、イケメンではないとしても、まあ、教祖でもねえ、いろんな女性からいろいろ思いは送られるからね。奥さんの立場は、毎日、身も細る思いだよね。どうしても太ることはできない。食べても食べても太れない。ねえ? いろんな生霊がいっぱいやって来る。これを跳ね返し跳ね返し、毎日していると、大変だよね。まあ、そういうこともあるから。

だから、そんな得意絶頂の、例えば、アーティストとかね、そういう俳優とかと結婚したとしても、けっこう落ち着かないところはあるよね。夜の帰りが遅い、あるいは、「ロケがある」と言って何カ月か帰ってこないとかいって、何をしているかは分からないよね。次々ときれいな女性と共演したりしていたら、何がいったい起きているか分からないみたいなところはあるよねえ。

でも、これは、やっぱり一つの、この世の課題なんじゃないかな。だから、ある意味で全員「画皮」なんですよ。みんな皮を被っているので。「皮一枚」だったら、本当に事故で口が裂けただけでも、確かに、もう結婚はかなり難しくはなってくるよね、それだけでもね。そういうこともあるし。

だから、極端にいけば、そういうモテモテの人には、硫酸をかけたりするような人も出てきたりもするしね。階段で突き落としたくなる人も出てくるしね。

3 「画皮（がひ）」の映画で描（えが）くべきポイント

「心の美しさとは何か」の普遍（ふへん）的な定義は難しい

質問者A　今回、もし映画をつくるとしたら、何か物語はつくれますでしょうか。

蒲松齢　うーん……。魔術（まじゅつ）が衰退（すいたい）している時代に入っているからね。だから、明治時代だったら、柳田國男（やなぎたくにお）の物語で、まだまだ妖怪変化（ようかいへんげ）がいっぱい、日本各地に存在していたけど、現代だともう、それも、みんなことごとく否定されてくることになるので。

変化（へんか）するものは、整形美容とかね、整形術だとか、まあ……。あるいはもう、医学・薬学系がさらに進化して、美人に化(ば)ける、何か薬みたいなものを開発するか、宇宙からトランスフォーム技術（変身技術）を手に入れるかっていうような感じになってはくるよね。

これはテーマとしてね、単純なようで、すごく幅(はば)が広いので。

質問者A　押(お)さえるポイントはあるでしょうか。「メッセージとして何を載(の)せるか」というポイントを一つ絞(しぼ)らないと、ストーリーを描(えが)きにくいのかなと思うのですけれども。どこをポイントにするか……。

蒲松齢　まあ、「顔の美しさ」ということでは、それは、美人投票的なもので、ある程度は決まるところはある。それでも、まあ、「好き嫌(きら)い」は出るよね、それはあるから。それは「相性(あいしょう)」と言うべきかもしれない。

ただ、選挙で立候補しても、やっぱり、「美人コンテストに近い」と言われているのはそのとおりだから。まあ、美人は通りやすいのはあるね。

あとは、「心の美しさ」と言った場合、「何をもって心の美しさと言うのか」ということの定義は、まあ、特定の宗教がそれを教えれば、そこではそうなるけれども、「普遍的なものとして、それが通じるかどうか」はかなり難しいよねえ。

あと、漠然と認められるものとしては、「人気」とか、「評判」とかいうものだけどね。こうした「はっきりつかめないもの」で、確かに人は支えられている。

だから、脇役をやっていたときには評判がよかった人が、主役をやったら、とたんに出来上がってしまって、周りからさんざん悪口を言われるようになることが起きる。

それは、まだ本人の実力がそこまで来ていなかったのに、〝棚ぼた式〟で得た場合だろうね。

だから、シンデレラになりたい気持ちは分かるが、本当に、王女様になる、お姫様（ひめさま）になるだけの、その資格がないのになった場合、あとに「苦しみ」も来るからね。

質問者Ａ　「玉の輿（こし）に乗って大きい家に行けば、贅沢（ぜいたく）ができたり、人がかしずいてくれる」と思うと、間違（まちが）いになりますからね。やはり、その分の「責任感」とか、人に見られるときの「徳」の部分とか、気をつけなければいけないことはたくさんありますものね。

蒲松齢　それはね、でも、玉の輿の経験をした人は、数は少ないからね。
　それで、そういう人たちは言わないから。なかなか内実を言わないので。人からこう、憧（あこが）れられたり、よく思われているのを、いかにも「そうよ」という顔をして、しれっとしているから。

家が大きいだけでもそうだし、外見が美人なだけでもそうだし、お金があるだけでもそうだし、学歴なんかも、まあ、「男の画皮(がひ)」なんかにはなりやすい。最近、「女の画皮」にもちょっとなってきているけどね。「美人」に、さらに「学歴」が加われば、なんかね……。

質問者A　〝最強〟だと、自分では思っていますからね。

蒲松齢　〝最強〟だと思って、「自分は選ばれし者」っていう……。

質問者A　「選ばれし者」だと、自分で決めていますものね。

蒲松齢　最高の学歴で最高の美人だったら、自分はもう、そういう最強の、何と言うかね、セーラームーンみたいな感じに思っている人もいるね。

だけど、「本当に、奥さんにしていちばんいいタイプか」っていうと、それは、そんなの知ったことじゃないわけで、自分がそう思っているだけなので、相手にとっては、それが本当にいいかどうかは分からないよね。

だけど、実際上、「美人で頭がよくて、仕事に就いて、そこでも周りが憧れるようにトントン拍子の出世をしながら、結婚が成立して、子育てをして、子供がみんないい子になって」みたいなの、そんなことがありえるかという。

「総取り」だよね。何もかも全部が取れるようなことがあるかっていったら、たいていはそうはいかなくて、結局、何かを得れば、何かを捨てなければいけないことにはなるよね。

今度は、捨て方が「智慧」ということになって、「何を捨てたか」が、その人の「智慧」っていうことにはなるね。うーん……。

だから、幸福もね、他人のは玉の輿とかには見えるんだけど、それぞれの幸福があってね、どちらのほうがより幸福かは分からないんだよ。

質問者A　はい。

蒲松齢　例えば、「親の学歴が低いのに、一流大学へ入った」っていったら、それだけでも本人は幸福だし、家族も幸福感を味わうこともできる。

ところが、親が一流大学を出ていたら、一流大学に行っても普通だし、二流大学だとそれだけで不幸になったりもして、取り返しがなかなかきかない。

それで、顔だけでもちょっとよかったら、今度は、それを派手に使いたくなってくるというような感じで、補償作用を求める者も出てくるね。

映画の設定にはさまざまな可能性がある

蒲松齢　だから、「画皮」のテーマは、けっこうね、まあ、典型的だけど、そういう「化け物が皮を替えているところなんかを見た」っていうことにしたら、これで意外に絞り込みができているんだけど、一般テーマに広げたら、要するに、「あの世とこの世の仕組みそのもの、神仕組みそのものの問題」になってくることがあるし。人生に多様性を持たす……、全部が宇宙人の、サイボーグのグレイみたいな同じ顔にならないことが、「多様な人生がありえる秘密」にもなっているからね。ここのところは、まあ難しいね。

パンダみたいに、「全部同じに見えて、全部一緒でない」というのもあるけど、これは希少性があってね、それぞれの動物園には一頭、二頭しかいないことで値打ちが上がることもあるね。動物園に百頭もいたら、そんなにかわいがられないだろうね。
だから、美人というのも希少性の問題はあって、数が少ないと、やっぱり、ありがたがられる。みんなが美人になったら、これまた、全部が平均になっちゃうんだね。まあ、これは難しいところだね。

質問者A　天上界でどなたか、このストーリーを書けそうな方はいらっしゃいますか。

蒲松齢　今言ったように、法門として広げれば、どこまでも広がるので。だから、「設定」のところがとても難しいですね。それから、「幸福の科学がつくっていい映画」というあれがかかってくるとね。
まあ、今出ているアイデア（職員による「プリンセス・シンドローム」という案）に関して言えば、確かに、つくれないことはないとは思うが……。まあ、ストレートの王道系ではあるけれども、その、昔の物語ほどのファンタジーとか神秘性とかが、やっぱり、欠けるのは欠けるところはあるね。

質問者Ａ　映画も、先が全部読めてしまって、「ああ、こういうことを言いたい映画なんだな」と思うと、観ていて途中でもう分かってしまうから、やはり、「これはどうなっていくんだろう？」というような、そういうストーリー性は必要なのかなと思います。

蒲松齢　そう、ストーリーとしてのミステリーみたいなのをちょっと絡ませないと、厳しいのかな。

質問者A　それと、どれかには感情移入ができそうな感じというか。「ああ、私、もしかしてやばいかも」とか、どちらかに、相手側か画皮側かは分からないんですけれども、何かそういうふうに思ってもらえるような、説教される感じではなく、「ああ、私、こうなっていたかもしれないな」と思えるようなストーリー性は要るのかなと思うのですけれども。

蒲松齢　うーん……。そうだねえ、まあ、マーケットはね、意外にね、これ大きいんですよ。大きいがゆえにね、特殊性を出すのは難しい。

質問者A　幸福の科学の活動としては、やはり「死んだあと地獄に堕ちる人を減らしたい」とか、そういうこともあるから、ポイントを絞るとすると、どうするかというところですよね。

蒲松齢　（職員の案のように）「夢のなかで悪魔と出会って、『美人にしてやる』と言われて契約を結んだら、朝起きて、絶世の美女になっていた」と。絶世の美女になっていて、前の、普通の顔の人とが同一人物であるということを、どうやって会社の人や家族や周りの人に納得させるのか。まあ、そのへんのところは、ちょっと難しいよね、こういうシーンも。

質問者Ａ　そうですね。アメリカの映画でも、「魔法にかかって、相手の男性にだけすごい美人に見えていて」というものもありましたけれどもね。

蒲松齢　それはあるね。

いや、けっこう難しいし、これは俳優がね、手に入るかどうかによっても、

「できる、できない」はある。

質問者A　ただ、十年後ぐらいになると（構想時点での映画上映予定）、もう、どうなっているか分からないというところはありますけれども。

蒲松齢　うーん……。まあ、今、急ぎやらないで、ちょっと、そういうものの研究を少しして、そうしたら、またこれが幾つかに分かれていって、つくれるものになる可能性はあると思う。

質問者A　なるほど。

蒲松齢　一つは、何と言うか、「ホラー風の妖怪譚」でしてしまう場合もありえるし、あるいは、「時代劇風」につくってしまうようなこともあるし、あるいは、まあ、「ちょっと未来科学的なもの」みたいなものにしてしまう可能性もあるし。

4 現代の「結婚(けっこん)の条件」について

英王室や皇室も直面している、結婚に関する問題

質問者A　例えば、最近だと、イギリス王室にメーガン妃(ひ)という、アメリカの女優さんが入られているんですけれども(収録当時)。

蒲松齢　ああ。

質問者A　普通(ふつう)の選考過程でいくと、今までの慣習では、なかなか選ばれない方かもしれないのですが、現代はもう自由恋愛(れんあい)になっていて、入られています。

ただ、例えば、結婚前のメーガンさんは、トランプ大統領（当時）を人種差別主義者だと思っていたのか、嫌いで、「あの人が大統領になったら、私はカナダかどこかに移住する」とか、アメリカにいたときから言っていました。

その後、トランプ大統領夫妻がイギリスに国賓として行ったときに、トランプ夫妻としては、メーガン妃が自分のことを嫌っていたとしても、いちおう外交もあるので、奥さんのメラニアさんのほうがメーガン妃の出産祝いのプレゼントを贈ろうとしたら、メーガン妃が拒絶するという……。

蒲松齢　でも、日本の皇室で言うと、「それだけはっきり出す人は、皇室には不向き」というふうに見られるわな、普通はね。

質問者A　普通はそう見られるし、やはり、（それについて）エリザベス女王はお叱り（しか）になったという話が……、どこまで本当かは分からないのですけれども、いちおうワイドショーで流れていて。「まあ、それは怒ら（おこ）れるだろうな」と、私は思ったのですけれども。

蒲松齢　象徴的（しょうちょう）立場には立てないもんね、そういう人は。

質問者Ａ　そうですね。個人のそれまでのスタンスは、女優としてやっている分にはまだ許されたかもしれないけれども、やはり王室に入って、イギリスの、ある種、象徴としての立場に立ったときに、はたして、そういうことをしていいのかどうかという……。

でも、それを（メーガン妃に）言って分かるかどうかというところもあるじゃないですか。

蒲松齢　うん。もとの思想は、もう変わらないかもしれないからね。

質問者Ａ　そうだし、「私はもう絶対に嫌（いや）なので、無理なんです」とか言われても、では、王室の人としての資格があるのか、考え方として、やっていけるのかなというポイントはありますよね。

蒲松齢　あちらから言わせると、「トランプさんが大統領の資格がない」と、こう言うわけでしょう？　「あんな変な人がなるのはおかしい」と、こうなるんだよ。

質問者Ａ　そうそう。「おかしいから、やっぱり、イギリスとしても、そういう人を認めるわけにはいかないんじゃないか」とか。

蒲松齢　それと違(ちが)うタイプだけれども、日本で言えば雅子(まさこ)皇后とかは、もう頭はいいわ、まあ、今はどうか知らないけど、若いころは美人でもあった。「美人外交官で、そんなもの、手に入るような、ただのお方ではない」みたいな感じの、〝日本最強女性〟みたいな気持ちはあっただろうから、「国民の女性と競争しても、もう私に勝てる人はいない」みたいなものはあったと思う。

質問者Ａ　そんな感じで思い込(こ)んでいる方っているじゃないですか。たぶん、話をしても通じないんですよね。

蒲松齢　そうでしょうね。

質問者Ａ　あと、大きい家になってくると、普通の家族的な感じでやり取りできるようなところでもないから、教えてあげたとしても……。

蒲松齢　だからね、「父親が外務事務次官。私はハーバードも出て、東大法学部にも入って、外交官試験に受かって、さらにオックスフォードにも行って、それで皇室に入って皇太子と結婚して、といったら、もうこれ以上の女性がいるはずがないじゃないか」と、まあ思うよねえ。

その結果が、何と言うか、美智子（みちこ）さまが結婚したときにあんなに人気だったのに、「たかが聖心（せいしん）でしょう」みたいな感じで見たりはするんだろうし。美智子さんの若いころの「清楚（せいそ）な美しさ」みたいなものは自分にはないんだけど、そのへんが分からなくて自己主張する。

質問者A　たぶん、言葉では、もう通じないですね。

蒲松齢　それから、日本の古式ゆかしい風習みたいなもののよさが、まったく分からない。「こんな、非プラグマティックなものをして、どうするんだ」というようにたぶん思っているから、いろんなものが、しきたりが廃止になっていって、さっきのメーガン妃に近く、好き嫌いがもっとはっきり出てくるだろうね。

質問者A　「徳なんてものは、目に見えないから分からない」と、（守護霊様は）おっしゃっていましたからね（『新上皇と新皇后のスピリチュアルメッセージ』〔幸福の科学出版刊〕参照）。

蒲松齢　だから、妖怪(ようかい)ではないけど、その部分が圧迫(あっぱく)されて苦しみになって、心の病気ということで、二十年以上もね、何と言うか、〝事実上、座敷牢(ざしきろう)に入っていたような状態〟になったんだろうから。

とうとう上を引退させたことにより、「自分は自由になった」と言って、今、動き始めていらっしゃるけど、さあ、それがはたして、「正しいか、正しくないか」「幸福だったか、幸福でなかったか」は、まだ分からないというところだね。「この才気走った女性が、皇室には本当に向いていたかどうか」というポイントは、もう一つ出てくるだろうねえ。

質問者A　エリザベス女王が、例えば、お嫁(よめ)さんになった人が普通の庶民(しょみん)の家庭で育ったからといって、普通の家庭と同じようにいろいろ教えてあげようとすると、エリザベス女王のほうが、どんどん〝庶民のお母さん〟みたいな役割をしなければいけなくなって、女王としての仕事が、その分、時間が削(そ)がれるじゃないですか。だから、なかなか難しいと思うんですね。

蒲松齢　美智子さまだって、自分で授乳されたり、ご飯(はん)をつくったりするのが、「庶民の娘(むすめ)ね」っていうことで、侍従(じじゅう)、侍女たちからはいじめられたんでしょうからね。いや、難しいところはあるねえ。

質問者A　それが完全に悪いとは思わないですけれども。ただ、皇室として、一般(いっぱん)の家庭と同じであるんだったら、皇室の存在意義がなくなってしまうから、その違いをどう……。

蒲松齢　そんなに何十人ものお手伝いが、要(い)らないっていうことになるわけですよね。

質問者Ａ　そうだし、やはり、その皇室としての存在意義（や仕事）のところが分かる人でないと難しいですよね。

蒲松齢　今の日本だとね、大会社の社長であってもね、お手伝いさんが一人か二人ぐらい、通いでいればいいほうで、なかなか、「住み込みまではいない」ぐらいのほうが多いですからね、昔と違うので。だから、それだけ、もう昔と違う感じになっているので、昔の大名（だいみょう）みたいにはならないのでね。

これが、もし縁（えん）があるものとしてもね、やっぱり、そうした世相や環境（かんきょう）によって、「合う、合わない」は出るっていうことだよね。

質問者A　皇室も、美しくあったほうがいいとは思うけれども……。

蒲松齢　「美人」は嫁入りの条件になっていますね。

質問者A　ただ、顔だけで、みんなが皇室に対して尊敬しているわけではないじゃないですか。何かこう、見る目のバランス感ですよね。美しさだけで尊敬されているわけではない……。

蒲松齢　まあ、それは、眞子(まこ)さまが今、ね？　ご学友だった男性にね、顔に惹(ひ)かれているところが今もあるんじゃないですか、かなりね。おそらくね。

質問者A　周りから見たら、「なぜ、あの人を選ぶんだろう」と国民全体からも思われているじゃないですか、小室圭さんのところも。

蒲松齢　いや、だから、それは社会経験が足りないために分からない。「こういう人は、こんなふうになる」というようなことが分からないっていうことですよね。

質問者A　見えない。

蒲松齢　「あとあと苦労するよ」と言っているのが分からない。民間降嫁した場合ね、「その家庭のなかに、おまえは入り込めるか?」という。

質問者A　ただ、たぶん、ディズニーとか、あのあたりの思想も、けっこう世間を席巻しているんだと思うんです。

蒲松齢　だから、「魔法」というのは、やっぱり即身成仏的な、「瞬時にできてしまう」みたいな……。まあ、要するに、「魔法」というのは聞こえはいいが、やっぱり「人を騙せると思っている」ということでもあるからね。

「結婚の条件」として問題になることとは

質問者A　お互いが好き同士であればそれでよくて、「自分たちの立場とかに合わせて、自分が変化しなければいけない」とか、そういう発想があまりないのでしょうか。

蒲松齢　ちょっと変化しているんですよ。本来の結婚の条件からね、そういう

「外見に惹かれる」「顔に惹かれる」とかいうようなのは、何と言うかな、愛人とかね、そういうようなものの条件、「一時的に気持ちを慰めてもらう」とかね、まあ、そんなような、「二、三年ぐらいの付き合いでいい」ぐらいのもののほうにウエイトが移りやすくなっているんですよね。

質問者Ａ　うーん、なるほど。

蒲松齢　だから、愛人とかいうんだったら、家とかは、そんなのどうでもよくなるわけですよ。田舎で、家柄がどうだったかみたいなのは、どうでもよくて。

質問者Ａ　だって、ひっそり通うところですものね。

蒲松齢　そうそうそう。それでよくなるわけだけど、結婚となると「両家の関係」が出てくるから。

質問者A　まあ、それを今、気にしないとかいうのも、個人主義が流行りすぎているからあれなのですけれども。でも、やはり、家族に影響は出てきますものね。

蒲松齢　やっぱり、結婚はしにくくなる。だから、愛人系と奥さん系で、選び方に違いがあるわけですね、一般にはね。

だから、「顔だけで替えられる」っていうものは、愛人系なら、愛人とか、恋人とか、事実婚とか、まあ、そんなのならいいだろうけど、結婚となったら、親に会わなければいけないとか、やっぱり、その人の生活習慣とか、いろいろ載ってくるからね。このへんが付き合えるかっていう問題が出てくる。

質問者Ａ　だから、相手の外見だけではない、「認識力の高さ低さの問題」とか、そのあたりですよね。「総合力」なのですけれどもね。

蒲松齢　そうだね。

それから「知的な問題」は、もう一つまた残るしね。わりと、「性格的な問題」っていうか、「人格的な問題」はやっぱり残るから。人格的に見て釣り合わないとか、「なぜ、こんな人と」っていうのは、周りから見て残るからねえ。

うーん、まあ……、トランプさんが、スーパーモデルと結婚したっていうので百パーセント満足しているかどうかっていったら、それは疑問はあるよね。

若いところはみんなから憧れられるあれだろうけど、大統領夫人となったら、もうちょっと、何と言うか、人間関係や知恵などがあったほうがいいっていう面はあるだろうね。

質問者A　メラニア夫人も、本当はすごくおしとやかな女性らしいのですけれども、ただ、子供の施設に行くときに、「私は本当はどうでもいい」というような文句が書いてあるコートを着てしまって、みんなから批判を浴びるとか、まあ、そういうところはあるらしいです。

蒲松齢　まあ、知らないところはあるということだね。移民だしね。

質問者A　ファッションとして着る分には、よかったのでしょうけれども。

蒲松齢　だから、その分を、奥さんに才媛の娘が合わさって、あちらも奥さんの足りないところを補っているんでしょう?　「賢い、アメリカのスーパーレディの見本は、うちの娘だ」っていうような感じで、合わせて何とかやっているようなところがあるから。大統領の補佐官みたいなのを娘もやっているけど、それで組み合わせてやっているところでしょう。

質問者A　はい。

蒲松齢　だから、足りないんでしょう。あれだけの方が大統領になれば、足りないので。このへんは、まあ、現代の、その人の置かれた立場によって、いろいろはありましょうねえ。

5　現代の人に気づいてほしいこと

質問者A　では、「研究をもう少ししたほうがいい」ということですね。

蒲松齢　そうだね。これはちょっと、法門（ほうもん）はね、狭（せま）いようで広いんですよ。そんなに簡単ではない。

まあ、私の言ったのも参考になるから、「参考霊言（れいげん）」としてのみ、とりあえず挙げたらいい。一時間ぐらいしゃべったでしょう。

質問者A　付加価値として、「蒲松齢さんの霊言」としては初めてだと思うので、蒲松齢さんは、日本では柳田國男として生まれていると。

蒲松齢　はい。

質問者A　ほかには、何かありますか?

蒲松齢　もっと古代になると、名前としてはもう遺りにくいかなあ……。だけど、仕事的にはね、やっぱり、まあ、何かそういう「神降ろし的なもの」というか、「御神事を司るような仕事」に関係があるかもしれないねえ。

質問者A　なるほど。上田秋成さんとか、小泉八雲さんとか……。

蒲松齢　まあ、それは、だから、近いところだ。

質問者Ａ　友達になる、と。

蒲松齢　近いところにいるっていうことだね。

質問者Ａ　なるほど。
霊界では、どんな霊界に？

蒲松齢　うーん……。

質問者Ａ　『聊斎志異』って、すごいんですよ。芥川龍之介先生とかも、生前かなり読まれているし、けっこう、神秘世界のバイブル的なものにはなってはいると思うんです。

蒲松齢　だから、今ね、ホラーとそれ以外が、もうはっきり分かれてしまっているところがあるけどね。

質問者Ａ　こういう本がなければ……。

蒲松齢　昔は、ホラーはね、生活の基盤のなかに、もう入っていたんですけどね。

質問者Ａ　みんながこう、生活で体験するようなもの……。

蒲松齢　そういう教会とか寺院から離れてね、現代科学や医学が独走して、それで「死んだら終わりだよ」と、「人間はもう生きているだけで、要するに、肉体が長らえればそれで幸福だ」みたいな思想になっているじゃないですか。それを普遍化しているじゃないですか。それが民主主義にもなっているけど、実は、そうではないものがあって、現代に真理と思われているものに間違いがある。

　でも、それを覆すのは、このホラー的なもの、この妖怪的なものしかないんですよ、今ね。

　だから、われわれ自身のほうがやって、昔返りするだけではいけないとは思いつつも、現代の人に気づかせるのに、ちょっと、そうした怖いものでもないと、気づかせることができないので。

質問者Ａ　そうですね。

蒲松齢　「仏陀の教え」よりは、もうそんな妖怪変化がいっぱいいる、魑魅魍魎が徘徊する時代であったからこそ、教えとして、ちょっと違ったものがあったんだけど、それ自体がなくなった段階では、もはや、「仏陀の教え」まで唯物論で解釈されるようになって、という。これが現代の間違いで。

質問者Ａ　そうですね。

蒲松齢　それをやった学者たちが地獄に堕ちているっていうのなら、やっぱり、「霊的なものを取り除いたということは、とっても大きな罪なんだ」ということですよね。

だから、「画皮」的なものをつくってもいいけど、やっぱり、「霊的なところを、どういうふうに現代に描き込むか」というところは大事なんじゃないかなあ。

質問者A　うんうんうん。

蒲松齢　この「心」なるものも分からない人が多いから、「心なるものをどうやって表現するか」というところも大事なんじゃないかなあ。だから、あんまり現代の世相に迎合しすぎてもいけないんじゃないかなと。

質問者A　時代設定が変わっていても、別にいいですものね。そちらのほうが、もしかしたら、客観的に見やすい可能性もあるんですよね。

蒲松齢　うん。

質問者Ａ　現代の問題だとしすぎると、厳しい面もあるのかもしれないですし。

蒲松齢　そうそう。だから、「画皮」になるよりは、化粧品(けしょうひん)を買うほうに行くからね、みんなね。唯物論なんだよ。

質問者Ａ　うーん。

蒲松齢　こっちに行っちゃうからね。
まあ、これは今すぐにしないで、ちょっと研究に時間を入れたほうがいいと思います。

質問者A　分かりました。まことにありがとうございます。
では、いったん切ります。

大川隆法　はい。

（編集注）本霊言を含めて数多くの参考霊言を収録し、映画「美しき誘惑―現代の『画皮』―」の構想を深めていくこととなった。なお、本霊言で言及されている幸福の科学の職員による「プリンセス・シンドローム」の企画案は採用されず、最終的に、「川端康成による原作霊言」（本書第１章）に基づき、大川咲也加・幸福の科学副理事長が執筆した脚本をもとに、映画を製作することとなった。

映画「美しき誘惑―現代の『画皮』―」原作霊言・参考霊言一覧

収録日（2019年）	タイトル
7月9日	蒲松齢の霊言　―映画「美しき誘惑―現代の『画皮』―」参考霊言―
7月31日	芥川龍之介の霊言　―映画「美しき誘惑―現代の『画皮』―」参考霊言―
8月1日	楊貴妃の霊言　―映画「美しき誘惑―現代の『画皮』―」参考霊言―
8月1日	玄宗皇帝の霊言　―映画「美しき誘惑―現代の『画皮』―」参考霊言―
8月1日	安禄山の霊言　―映画「美しき誘惑―現代の『画皮』―」参考霊言―
8月1日	楊国忠の霊言　―映画「美しき誘惑―現代の『画皮』―」参考霊言―
8月5日	芥川龍之介の霊言②　―映画「美しき誘惑―現代の『画皮』―」参考霊言―
8月9日	藤原薬子の霊言　―映画「美しき誘惑―現代の『画皮』―」参考霊言―
8月9日	空海の霊言　―映画「美しき誘惑―現代の『画皮』―」参考霊言―
8月10日	川端康成の霊言　―映画「美しき誘惑―現代の『画皮』―」原作霊言―
8月20日	淀君の霊言―某女優守護霊の霊言―　―映画「美しき誘惑―現代の『画皮』―」参考霊言―

8月20日

オノ・ヨーコの守護霊霊言　魂のルーツとその使命

――映画「美しき誘惑――現代の『画皮』――」参考霊言――

第3章　楽曲歌詞・挿入歌（そうにゅうか）「故郷（ふるさと）」解説

（編集注）大川隆法総裁は劇場用映画の製作総指揮・原作・企画のほか、映画の主題歌・挿入歌等、さまざまな作詞・作曲を手がけています。大川総裁が作詞・作曲した楽曲「El Cantare 大川隆法 オリジナルソングス」は、悟りの言魂そのものであり、天上界の高次元にある美しい調べが直接的に表現されています。

第3章に歌詞が収録されている映画「美しき誘惑—現代の『画皮』—」の楽曲は、映画の撮影開始に先行して作詞・作曲されたものです。人から愛されることばかりを求めて幸せになれない妖魔の憐れさと哀しさや、妖魔を諭す深い悟りの言魂など、登場人物の心情描写や作品の世界観、映画の中心理念等が込められており、原作の一部として重要な役割を担っています。

主題歌

美しき誘惑

作詞・作曲　大川隆法

Ah　悲しいことばかりじゃない。
Love, Love, Love.
Love, Love, Love.
Love is Light.
Light is Love.

この世に男と女が生まれるからには、
そこに何かの大きな夢がある。
Ha Ha Ha …

愛欲は、決して SNAKE じゃないの。
愛欲は、お互いを縛りつけるものじゃない。
嫌いよ、そんな考えは、
とても好きになれない。
出世、それを目指す男は、
ギラギラと、ギラギラとしてはいるけど、
そのギラギラ感が好きなわけじゃないのよ。
ギラギラの果てに、

転落が待ってるものよ。
奈落の底にあなたと共に落ちてゆくのが、
今世の使命であるはずはない。

人は幾百年を乗り越えて、
再び魂の愛人を探し出す。
でも、私たちの愛は、
転落のための愛では決してないのよ。
世界の歴史の興亡に、
新たな光を宿すため。

神や、仏に嫌われるように、

見えることもあるけど。
でもね、やっぱり、
歴史の中に、
何か艶やかで、雅なものを残したいのよ。

この気持ちが、分かってくれるかな?
女は、清楚な美人がいいとか、
女は、色気がムンムンの方が好かれるとか、
Ah Ah この世の好みは、
いつも変わるけど、
私たちは妖艶な力を、
この世の光に変えてゆきたいのよ。

愛の求道者、それが美しき誘惑。
Lure, Lure, Lure.
Lure, Lure, Lure.

あなたをなびかせる、
そんな技術は千年も万年も磨き続けたのよ。
私を見破れる法力を持つ人が現れたら、
さあ、私の心は千々に乱れて、
雲のように風に吹かれて、
四方八方に散らばっていくかもしれない。

でも、愛の求道者、それが私のIDENTITY、
それが私の生涯なのよ。
「愛してます。死んでください。私のために。」
世界がたとえ滅亡しても、
永遠の歴史がそこに残ればいいのよ。
Ah Ah Ah…

キャンペーン・ソング

女教祖のテーマ曲

女の悟り

作詞・作曲　大川隆法

「女だから」って言って、
人を迷わしてばかりじゃいけない。
男にも女にも悟りの道はある。
目の前の丸い鏡に映る世界は、
全てを映し出す。

心の内を読まれないと思っているから、
どんな醜いことを考えても、
顔だけ美しければ、
男の世界を、
騙せると思っているの？

そうじゃない。
鏡にあなたの心が見事に映る。
過去のあなたの悪さも映る。
唐の時代に何をした。
平安の時代に何をした。
その時の心のカルマが残っている。

現代は、霊的なことを認めない人がとても多いけれど、
過去も、現在も、未来も、
因果の理法は貫いている。

あなたの過去を見れば、
あなたの現在が分かる。
あなたの現在を見れば、
あなたの未来も確定する。
だから、原因・結果を晦ますことはできない。
せめて心を磨いて、鏡のように正しく映し出すことよ。
謙虚に、本当の可憐な清楚な美しさを愛するがよい。
女にも悟りはきっとある。

誘惑は悟りではない。
女の道もそこにきっと開ける。
必ず、花開く。

イメージソング①

Selfish Love

作詞・作曲　大川隆法

女だから、女だから、
どうしても鏡に映った自分に見惚れるのよ。
美しい変身が、女の最大の喜びなのよ。

この黒髪を、ブロンドに変えて、
この鼻立ちを、見事なものに変える。

口紅を塗り替えて、アイシャドウを引く。

私が私じゃないように、
私が私じゃないと知らない人に、
愛されたくって、愛されたくって、愛されたくって、
女は魅惑の変身に入るのよ。
Selfish Love、それの何がいけないと言うの？

Selfish でいいじゃない？
本能はそうだから。
女は美しいと言えることが、
自分自身の深い自信になるのよ。

髪の毛の色を変えて、目つきを変えて、
肌の輝きを変えて、仕草も変えて、
うなじに色気を漂わせる。
ただ男を釣るためにやっていると言われても、
「それが何が悪いの？」と、
言い返す強さこそ Selfish Love。

神が与えたのが、
女には「美」と「魅力」だから、
Selfish であることが、
そんな Love が、神の願いなのよ。

さあ、今夜もいい男捕まえに、
夜の街を彷徨って、ハンティングするのよ。
自己実現、
これこそ、本当の女の自己実現。

Selfish Love.
あなたも願いなさい、
私のようになろうと。
それが本当の愛なのよ。
Ha Ha Ha …

イメージソング②

法力

作詞・作曲　大川隆法

魔になど、負けるわけには決して参らない。
私は修行の途中にある者。
魔性は、立ち上がって来るだろう。
しかし、たかが人間界の欲にしか過ぎないものなのだから。
打ち破れ、法力で。

打ち破れ、その迷いを打ち破れ。
人間の迷いなんてそんなにたくさんはあるものではない。
信仰の惑わかし、それが最初に来るだろう。
そして、さらに、この世での貪欲をそそろうとするだろう。
貪欲の次が、怒りであろう。
怒らない。

どんなことがあっても、心は平静でなければなるまい。
そして、愚かさ。
人間の持つ、無限の昔から現代まで、目に鱗をかけた。
この愚かさに打ち克つ真理の光が、今こそ必要なんだ。
だから、慢心なんか心から追い出して、
天狗の心になっては決していけないのだ。

自惚れるな。謙虚であれ。それが大切だ。
人間は、亀のようにただひたすら戒律を守って、
前進し続けることが大切なのだ。
これこそ本当の求道心。
それを重ねて法力を生むのだ。

電撃一閃！　悪魔を打ち倒す。
電撃一閃！　妖魔を切り倒す。
人間に取り憑くなかれ。
それを吹き飛ばして、この世を明るい未来へ変えることをここに誓う。
釈尊の道を忘れてはならない。

Ah Ah Ah …

挿入歌

若さの哀しみ

作詞・作曲　大川隆法

女であることが薄れていくのは、
哀しいことだと知りながら、
生老病死を超えられなくて、何千年生きてきた。
若さ、それが美の秘訣なの。
人の生命を吸い取って、
人の未来の夢を吸い取って。

自らの若さに変えてゆくことの哀しさは、
誰にも分からない。
何故に私は妖魔として、
永遠の生命を持ち続けるのだろうか。

神も仏も、地獄の悪魔も、
私の本当の心が分からない。
若さの哀しみ。
人の犠牲の下に、
永遠の若さを保ち続けてる。
哀しい。

これが美しさの秘密だなんて。
透明なこの肌が、
永遠へと通じていれば、
どこかにきっと救いがあるはずよ。

挿入歌

偽りの成功

作詞・作曲　大川隆法

人間って、何でこんなにバカなのか？
目鼻立ちや、スタイルや、服の色で、
すぐに騙される。
髪の毛が長いとか、短いとか、
黒髪だとか、金髪だとか、
どんな言い訳も、本当の幸せに、
つながってはいないのに。

丸の内のOLだからって、
何がそんなに素晴らしいの？
大会社の社長、医師、弁護士、
作家、政治家、芸能人…。
いったい何がそんなに羨ましいの？

頭が良いって、そんなにすごいことなの？
偏差値の高い学校を卒業しただけで、
あなたが貴族になれるわけ？
あなたの頭の良さがお金持ちになると、
勝手に思い込んで偽我をばらまいて、

周りを騙して、
何が本当の幸福なの？

現代の『画皮』は、
男にも、女にも、あり得るのよ。
外だけを飾っても、
本当の幸福は決してやってこない。
人に好かれて、人に尊敬されて、
本当にそれが幸福だと思ってるの？

偽りを捨てて、
真実に生きること、

それがこんなにも難しい世の中になってしまったなんて。
「美しき誘惑」、
それに抗える人だけが、
現代の『画皮』を打ち破る。
見破って、悲しませて、
そして、一皮むけて、
新しい人生を目指せば良いのよ。
たったこれだけのことなんだけど。
Oh Oh Oh…。

故郷（ふるさと）

作詞・作曲　大川隆法

去（さ）ってしまったあの日々（ひび）。
もう帰（かえ）らない。
もう帰（かえ）らないと思（おも）っていても、
あの日（ひ）に帰（かえ）りたい。それが故郷（ふるさと）。

ああ～、川（かわ）の流（なが）れが、さざ波（なみ）が光（ひかり）を反射（はんしゃ）して、
全（すべ）ての色（いろ）が白（しろ）くなった。

私の思い出も流れ去って、
何か一つだけ、忘れて来たような気持ちが、
心の奥底にあるけど、
水の底の白い石のようで、
あるようで、見えない。
見えないけど、確かにある。

ああ、故郷は思い出の中にだけある。
けれども、心はいつも、帰っていく。
あのせせらぎの中に、君と二人、座ったあの日を、
決して忘れずにいたいと思うのだけど。

［質問者二名は、それぞれA・Bと表記］

二〇二〇年六月二十日
幸福の科学 特別説法堂にて

挿入歌「故郷」解説

大川隆法　挿入歌「故郷」のテーマは、次のようなものです。

これはあくまでも、男である海空役の彼（塩村太郎）が東京で総理を目指して政治家として出て、田舎に帰ってくるのだけれども、「十年前の昔の自分には戻れない」ということを感じている。もう都会人になってしまって、上昇志向で権力を目指している自分は、元には戻れない。「戻りたいけれども戻れない」という、その葛藤を述べつつ、かすかに、この吉野川の思い出、十年前の思い出で、幼なじみと河川敷に座って眺めていた川のなかに、さざ波のなかに、白い石が見えていて、白い石だと見えつつも、はっきりは見えない。

しかし、「確かに一つ、白い石があった。これが、自分の動かない過去なんだ」というようなことを思って、「故郷にも心の一つを置いておきたい」という気持ちを象徴的に歌ったものです。

もう流れ去って戻れないのは十分に知りながらも、故郷に心の一つを残しておきたい気持ち。そんなところを歌っているもので、純粋な恋愛歌ではありませんけれども、何か叙情的な気持ちというか、それは、男女の思いが「ゼロ」というわけではないけれども、青春を懐かしむ気持ちが投影されているというところです。

「自分としては、『二つに引き裂(さ)かれている自分の悲しみ』みたいなものを感じている」というところなんですよね。

質問者A　「二つに引き裂かれる」というのは、都会と……。

大川隆法　そう、都会。

だから、今、画皮(がひ)に惹(ひ)かれていく自分、実は都会で虚飾(きょしょく)のなかに出世していこうとしている自分というのは、かつての自分ではもうない。「十年前にはもう帰れない自分」ではあるわけですよね。

質問者B　その「白い石」というのは、田舎にいたときの自分の「純粋さ」なのでしょうか。

大川隆法　「純粋さ」であるし、また、「佳代（かよ）さんの思い出」でもあるかもしれないし、あるいは「田舎の心」かもしれない。そういう象徴的なものですね。でも、はっきりは見えない。

質問者B　政治家を目指す心も、純粋だったということでしょうか。

大川隆法　いやいや、それは純粋じゃなくなっていったわけですよ。

質問者A　最初は純粋で……。

質問者B　田舎にいたときの、その「白い石」に象徴されるのは、志も最初は純粋だったということですよね。

大川隆法　まだそんなに穢れていない。周りの人と変わらない、穢れていない思いで。

だから、ほとんど流れ去ってしまった。自分の青春は流れ去ってしまって、もう戻らない。海に流れて戻らないんですけれども、その白い石がまだとどまっているなというようなところ。田舎から立候補はするわけで、「心はそこになければいけないな」と思いつつも、「実際はもう都会人であって、自分は田舎の人間ではない」というところ。

それを、昔なじみの彼女（松田佳代）を見ることによって、「何か、田舎にも想い残しを置いておきたい」という感じが、ちょっとだけ入っているような感じでしょうか。

どんどん流れていく。そして、元には戻らないんですけどね。だけど、田舎の人間である心をちょっとだけ、どこかに残しておきたかったということで、幼なじみの彼女のところで、実はつながっているところはありますよね。

それは虚飾で、「偉(えら)くなっていきたい」というこの心が本当に純粋かどうか、自分も迷いがないわけではないし。でも、田舎でそのままずっと十年間、〝白い石〟のままで、さざ波の下に潜(もぐ)っているままの自分でいいのかという気持ちですね。そんな気持ちが表れています。

質問者B　はい。ありがとうございました。

あとがき

神や仏や天使や菩薩(ぼさつ)といっても、ピンと来ない方々には、「では『妖魔(ようま)』はいかがですか。」との提案である。

現代日本では、表玄関から、「神やあの世を信じますか。」と問うたら、三～四割程度しか肯定しないだろう。しかし、その実「妖怪(ようかい)」ブームではある。本書に出てくる妖魔も分類すれば「妖怪」の一種である。

日本人の宗教観には、裏側といわれる世界との親和性がとても高い。妖怪、魔界、仙人界、天狗(てんぐ)界、鬼(おに)界、龍神(りゅうじん)界、龍宮(りゅうぐう)界などへの信仰がとても多いのだ。普(ふ)

遍的価値観との共通性の低い、この日本の宗教観に、私は一つの革命を起こしている。それが地球神、世界神の教えである。

本書とこの映画が、あなたの新しい人生への転換点となることを祈っている。

二〇二一年　四月十六日

幸福の科学グループ創始者兼総裁　大川隆法

『映画「美しき誘惑─現代の『画皮』─」原作集』関連書籍

『秘密の法』（大川隆法 著 幸福の科学出版刊）
『心眼を開く』（同右）
『悟りを開く』（同右）
『生霊論』（同右）
『日本民俗学の父 柳田國男が観た死後の世界』（同右）
『新上皇と新皇后のスピリチュアルメッセージ』（同右）
『文豪たちの明暗
──太宰治、芥川龍之介、坂口安吾、川端康成の霊言──』（同右）
『何を以って愛とするか──ジョン・レノンの霊言──』（同右）
『鬼学入門──黒鬼、草津赤鬼、鬼ヶ島の鬼の霊言──』（同右）

『源頼光の霊言』（同右）
『魔法と呪術の可能性とは何か
——魔術師マーリン、ヤイドロン、役小角の霊言——』（同右）
『小説　美しき誘惑—現代の「画皮」—』（大川隆法 原作／大川咲也加 著　同右）

映画「美しき誘惑―現代の『画皮』―」原作集
―川端康成、蒲松齢の霊言―

2021年4月27日　初版第1刷

著　者　　大川隆法

発行所　幸福の科学出版株式会社
〒107-0052 東京都港区赤坂2丁目10番8号
TEL(03)5573-7700
https://www.irhpress.co.jp/

印刷・製本　株式会社 堀内印刷所

落丁・乱丁本はおとりかえいたします

ISBN978-4-8233-0264-0 C0074
カバー，帯 クレジット：時事
装丁・イラスト・写真（上記・パブリックドメインを除く）©幸福の科学

大川隆法ベストセラーズ・裏側世界の秘密

心眼を開く

心清らかに、真実を見極める

心眼を開けば、世界は違って見える——。個人の心の修行から、政治・経済等の社会制度、「裏側」霊界の諸相まで、物事の真実を見極めるための指針を示す。

1,650円

人として賢く生きる

運命を拓く真実の信仰観

正しい霊的人生観を持たなければ、本当の幸せはつかめない——。人生を充実させ、運命を好転させ、この国の未来を繁栄させるための「新しい智慧の書」。

1,650円

源頼光(みなもとのらいこう)の霊言

鬼退治・天狗妖怪対策を語る

鬼・天狗・妖怪・妖魔は、姿形を変えて現代にも存在する——。大江山の鬼退治伝説のヒーローが、1000年のときを超えて、邪悪な存在から身を護る極意を伝授。

1,540円

日本民俗学の父 柳田國男が観た 死後の世界

河童、座敷童子、天狗、鬼……。日本民俗学の創始者・柳田國男が語る「最新・妖怪事情」とは? この一冊が21世紀の『遠野物語』となる。

1,540円

※表示価格は税込10%です。

悟りを開く

過去・現在・未来を見通す力

自分自身は何者であり、どこから来て、どこへ往くのか──。霊的世界や魂の真実、悟りへの正しい修行法、霊能力の真相等、その真髄を明快に説き明かす。

1,650円

悪魔の嫌うこと

悪魔は現実に存在し、心の隙を狙ってくる！ 悪魔の嫌う3カ条、怨霊の実態、悪魔の正体の見破り方など、目に見えない脅威から身を護るための「悟りの書」。

1,760円

真のエクソシスト

身体が重い、抑うつ、悪夢、金縛り、幻聴──。それは悪霊による「憑依」かもしれない。フィクションを超えた最先端のエクソシスト論を、ついに公開。

1,760円

真実の霊能者

マスターの条件を考える

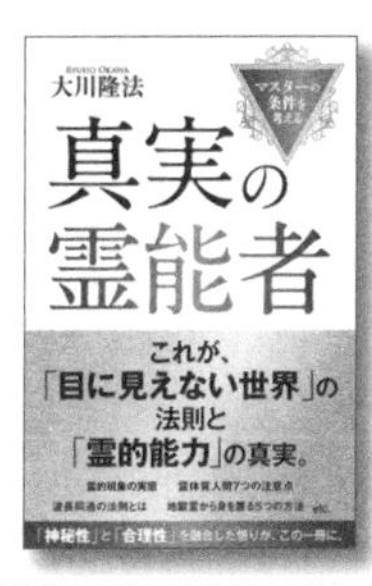

霊能力や宗教現象の「真贋」を見分ける基準はある──。唯物論や不可知論ではなく、「目に見えない世界の法則」を知ることで、真実の人生が始まる。

1,760円

大川隆法ベストセラーズ・愛について考える

エル・カンターレ 人生の疑問・悩みに答える 幸せな家庭をつくるために

夫婦関係、妊娠・出産、子育て、家族の調和や相続・供養に関するQA集。人生の節目で出会う家族問題解決のための「スピリチュアルな智慧」が満載！

1,760円

心の指針 Selection5 心から愛していると…

「本当の愛」とは何なのか――。親子の葛藤、家族問題、そして人間関係の苦しみ……。愛をめぐる悩みを優しく癒やし、温かく包み込む珠玉の詩篇たち。

1,100円

釈尊の霊言

「情欲」と悟りへの修行

情欲のコントロール法、お互いを高め合える恋愛・結婚、"魔性の異性"から身を護る方法など、異性問題で転落しないための「人生の智慧」を釈尊に訊く。

1,540円

何を以(も)って愛とするか

ジョン・レノンの霊言

ジョン・レノンが体現した「ロックの精神」、そして「愛」「自由」とは？ オノ・ヨーコ守護霊の霊言、楽曲歌詞〈ジョン・レノンから贈る言葉〉を同時収録。

1,540円

※表示価格は税込10%です。

大川隆法シリーズ・**最新刊**

詩集 私のパンセ

著者が宗教家として立つ１～２年前、実社会で働きながら宗教体験を重ねつつ書き続けた「瞑想の断片集」。新たな書き下ろし詩篇「私のパンセ」を特別追加！

1,760円

大川隆法　初期重要講演集 ベストセレクション③

情熱からの出発

イエスの天上の父が、久遠の仏陀がここにいる――。聖書や仏典を超える言魂が結晶した、後世への最大遺物と言うべき珠玉の講演集。待望のシリーズ第３巻。

1,980円

ミャンマーに平和は来るか

アウン・サン・スー・チー守護霊、ミン・アウン・フライン将軍守護霊、釈尊の霊言

軍事クーデターは、中国によるアジア支配の序章にすぎない――。関係者たちへの守護霊インタビューと釈尊の霊言により、対立の本質と解決への道筋を探る。

1,540円

トランプは死せず

復活への信念

戦いはまだ終わらない――。退任後も世界正義実現への強い意志を持ち続けるトランプ氏の守護霊が、復活への構想や、リーダー国家・アメリカの使命を語る。

1,540円

El Cantare 大川隆法 Original Songs

映画「美しき誘惑―現代の『画皮』―」

映画祭にて楽曲やMV(ミュージックビデオ)が賞を獲得!

CD + DVD　3,300円

キャンペーン・ソング
女の悟り
8カ国 26冠

作詞・作曲 大川隆法
歌 大川咲也加
編曲 大川咲也加・水澤有一
発売 幸福の科学出版

\ MV /

CD　1,100円

主題歌
美しき誘惑
7カ国 28冠

作詞・作曲 大川隆法
歌 竹内久顕
編曲 大川咲也加・水澤有一
発売 ARI Production

\ MV /

CD　1,650円

イメージソング
Selfish Love／法力
「法力」 2カ国 5冠

作詞・作曲 大川隆法
歌 長谷川奈央／市原綾真
編曲 大川咲也加・古賀晃人
／大川咲也加・水澤有一
発売 ニュースター・プロダクション

CD　4,400円

映画『美しき誘惑―現代の「画皮」―』オリジナル・サウンドトラック

Disc1 作詞・作曲 大川隆法
Disc2 映画本編で流れるBGMを収録
発売 幸福の科学出版

『美しき誘惑―現代の「画皮」―』公式ガイドブック

『美しき誘惑』製作プロジェクト 編

あなたの隣にいるその人も"妖魔"かもしれない。大川隆法総裁による映画製作秘話・霊言をはじめ、脚本の大川咲也加、主演・豪華キャストのインタビュー&撮り下ろしフォトが満載!

1,320円

販売:幸福の科学出版

※表示価格は税込10%です。

小説　美しき誘惑—現代の「画皮」—

大川隆法 原作　大川咲也加 著

映画の脚本執筆者による書き下ろし小説。映画の理解が倍増する、「画皮」の心情を克明に描いた「悟りと救済のストーリー」。小説版だけの衝撃の結末も。

幸福の科学出版

1,430円（税込）

幸福の科学グループのご案内

宗教、教育、政治、出版などの活動を通じて、地球的ユートピアの実現を目指しています。

幸福の科学

一九八六年に立宗。信仰の対象は、地球系霊団の最高大霊、主エル・カンターレ。世界百六十カ国以上の国々に信者を持ち、全人類救済という尊い使命のもと、信者は、「愛」と「悟り」と「ユートピア建設」の教えの実践、伝道に励んでいます。

（二〇二一年四月現在）

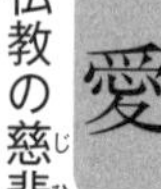

幸福の科学の「愛」とは、与える愛です。これは、仏教の慈悲や布施の精神と同じことです。信者は、仏法真理をお伝えすることを通して、多くの方に幸福な人生を送っていただくための活動に励んでいます。

悟り

「悟り」とは、自らが仏の子であることを知るということです。教学や精神統一によって心を磨き、智慧を得て悩みを解決すると共に、天使・菩薩の境地を目指し、より多くの人を救える力を身につけていきます。

ユートピア建設

私たち人間は、地上に理想世界を建設するという尊い使命を持って生まれてきています。社会の悪を押しとどめ、善を推し進めるために、信者はさまざまな活動に積極的に参加しています。

国内外の世界で貧困や災害、心の病で苦しんでいる人々に対しては、現地メンバーや支援団体と連携して、物心両面にわたり、あらゆる手段で手を差し伸べています。

年間約２万人の自殺者を減らすため、全国各地で街頭キャンペーンを展開しています。

公式サイト **www.withyou-hs.net**

自殺防止相談窓口

受付時間　火～土:10～18時（祝日を含む）

TEL **03-5573-7707**　メール **withyou-hs@happy-science.org**

ヘレン・ケラーを理想として活動する、ハンディキャップを持つ方とボランティアの会です。視聴覚障害者、肢体不自由な方々に仏法真理を学んでいただくための、さまざまなサポートをしています。

公式サイト **www.helen-hs.net**

入会のご案内

幸福の科学では、大川隆法総裁が説く仏法真理（ぶっぽうしんり）をもとに、「どうすれば幸福になれるのか、また、他の人を幸福にできるのか」を学び、実践しています。

仏法真理を学んでみたい方へ

大川隆法総裁の教えを信じ、学ぼうとする方なら、どなたでも入会できます。入会された方には、『入会版「正心法語（しょうしんほうご）」』が授与されます。

ネット入会　入会ご希望の方はネットからも入会できます。

happy-science.jp/joinus

信仰をさらに深めたい方へ

仏弟子としてさらに信仰を深めたい方は、仏（ぶっ）・法（ぽう）・僧（そう）の三宝（さんぽう）への帰依を誓う「三帰誓願式」を受けることができます。三帰誓願者には、『仏説・正心法語』『祈願文（きがんもん）①』『祈願文②』『エル・カンターレへの祈り』が授与されます。

幸福の科学 サービスセンター
TEL 03-5793-1727
受付時間／火～金:10～20時　土・日祝:10～18時（月曜を除く）

幸福の科学 公式サイト
happy-science.jp

ハッピー・サイエンス・ユニバーシティ

Happy Science University

ハッピー・サイエンス・ユニバーシティとは

ハッピー・サイエンス・ユニバーシティ（HSU）は、大川隆法総裁が設立された「現代の松下村塾」であり、「日本発の本格私学」です。
建学の精神として「幸福の探究と新文明の創造」を掲げ、
チャレンジ精神にあふれ、新時代を切り拓く人材の輩出を目指します。

人間幸福学部　経営成功学部　未来産業学部

HSU長生キャンパス TEL **0475-32-7770**
〒299-4325　千葉県長生郡長生村一松丙 4427-1

未来創造学部

HSU未来創造・東京キャンパス
TEL **03-3699-7707**
〒136-0076　東京都江東区南砂2-6-5　公式サイト **happy-science.university**

学校法人 幸福の科学学園

学校法人 幸福の科学学園は、幸福の科学の教育理念のもとにつくられた教育機関です。人間にとって最も大切な宗教教育の導入を通じて精神性を高めながら、ユートピア建設に貢献する人材輩出を目指しています。

幸福の科学学園

中学校・高等学校（那須本校）
2010年4月開校・栃木県那須郡（男女共学・全寮制）
TEL **0287-75-7777** 公式サイト **happy-science.ac.jp**

関西中学校・高等学校（関西校）
2013年4月開校・滋賀県大津市（男女共学・寮及び通学）
TEL **077-573-7774** 公式サイト **kansai.happy-science.ac.jp**

仏法真理塾「サクセスNo.1」

全国に本校・拠点・支部校を展開する、幸福の科学による信仰教育の機関です。小学生・中学生・高校生を対象に、信仰教育・徳育にウエイトを置きつつ、将来、社会人として活躍するための学力養成にも力を注いでいます。

TEL 03-5750-0751(東京本校)

エンゼルプランV

東京本校を中心に、全国に支部教室を展開しています。信仰に基づいて、幼児の心を豊かに育む情操教育を行っています。また、知育や創造活動を通して、子どもの個性を大切に伸ばし、天使に育てる幼児教室です。

TEL 03-5750-0757(東京本校)

不登校児支援スクール「ネバー・マインド」

TEL 03-5750-1741

心の面からのアプローチを重視して、不登校の子供たちを支援しています。

ユー・アー・エンゼル!(あなたは天使!)運動

障害児の不安や悩みに取り組み、ご両親を励まし、勇気づける、障害児支援のボランティア運動を展開しています。

一般社団法人 ユー・アー・エンゼル
TEL 03-6426-7797

いじめから子供を守ろうネットワーク

学校からのいじめ追放を目指し、さまざまな社会提言をしています。また、各地でのシンポジウムや学校への啓発ポスター掲示等に取り組む一般財団法人「いじめから子供を守ろうネットワーク」を支援しています。

公式サイト mamoro.org　ブログ blog.mamoro.org
相談窓口 TEL.03-5544-8989

百歳まで生きる会

「百歳まで生きる会」は、生涯現役人生を掲げ、友達づくり、生きがいづくりをめざしている幸福の科学のシニア信者の集まりです。

シニア・プラン21

生涯反省で人生を再生・新生し、希望に満ちた生涯現役人生を生きる仏法真理道場です。定期的に開催される研修には、年齢を問わず、多くの方が参加しています。全世界212カ所(国内197カ所、海外15カ所)で開校中。

【東京校】 TEL 03-6384-0778　FAX 03-6384-0779
メール senior-plan@kofuku-no-kagaku.or.jp

幸福実現党

幸福実現党 釈量子サイト shaku-ryoko.net
Twitter 釈量子@shakuryokoで検索

内憂外患の国難に立ち向かうべく、2009年5月に幸福実現党を立党しました。創立者である大川隆法党総裁の精神的指導のもと、宗教だけでは解決できない問題に取り組み、幸福を具体化するための力になっています。

党の機関紙
「幸福実現党NEWS」

幸福実現党　党員募集中

あなたも幸福を実現する政治に参画しませんか。

- ○幸福実現党の理念と綱領、政策に賛同する18歳以上の方なら、どなたでも参加いただけます。
- ○党費：正党員（年額5千円［学生 年額2千円］）、特別党員（年額10万円以上）、家族党員（年額2千円）
- ○党員資格は党費を入金された日から1年間です。
- ○正党員、特別党員の皆様には機関紙「幸福実現党NEWS（党員版）」（不定期発行）が送付されます。

＊申込書は、下記、幸福実現党公式サイトでダウンロードできます。
住所：〒107-0052　東京都港区赤坂2-10-8 6階 幸福実現党本部
TEL 03-6441-0754　FAX 03-6441-0764
公式サイト hr-party.jp

幸福の科学出版

大川隆法総裁の仏法真理の書を中心に、ビジネス、自己啓発、小説など、さまざまなジャンルの書籍・雑誌を出版しています。他にも、映画事業、文学・学術発展のための振興事業、テレビ・ラジオ番組の提供など、幸福の科学文化を広げる事業を行っています。

アー・ユー・ハッピー?
are-you-happy.com

ザ・リバティ
the-liberty.com

幸福の科学出版
TEL **03-5573-7700**
公式サイト **irhpress.co.jp**

ザ・ファクト
マスコミが報道しない
「事実」を世界に伝える
ネット・オピニオン番組

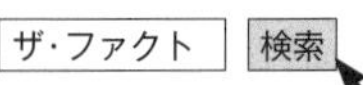

ニュースター・プロダクション

「新時代の美」を創造する芸能プロダクションです。多くの方々に良き感化を与えられるような魅力あふれるタレントを世に送り出すべく、日々、活動しています。 公式サイト **newstarpro.co.jp**

ARI Production

ARI Production(アリプロダクション)

タレント一人ひとりの個性や魅力を引き出し、「新時代を創造するエンターテインメント」をコンセプトに、世の中に精神的価値のある作品を提供していく芸能プロダクションです。 公式サイト **aripro.co.jp**

大川隆法　講演会のご案内

大川隆法総裁の講演会が全国各地で開催されています。講演のなかでは、毎回、「世界教師」としての立場から、幸福な人生を生きるための心の教えをはじめ、世界各地で起きている宗教対立、紛争、国際政治や経済といった時事問題に対する指針など、日本と世界がさらなる繁栄の未来を実現するための道筋が示されています。

講演会には、どなたでもご参加いただけます。
最新の講演会の開催情報はこちらへ。 ⟹ 大川隆法総裁公式サイト
https://ryuho-okawa.org